L'ECCLÉSIASTE

©2024. Edico

Éditions : Memoria Books pour Edico

77600 Bussy-Saint-Georges

Imprimé par BoD – Books on Demand, Norderstedt, Allemagne

Préface : Jean-David Haddad

Traduit de l'hébreu et analysé par Ernest Renan

Réalisation et conception couverture : Cynthia Skorupa

ISBN : 978-2-38437-030-6

Dépôt légal : mai 2024

Qohélet

L'Ecclésiaste

Un temps pour tout

MEMORIA BOOKS

Grands Classiques, Grands Caractères

Memoria Books, le fonds littéraire international qui remet au goût du jour les grands classiques inoubliables, s'adresse aussi aux malvoyants, aux seniors, aux dys, et tout simplement à ceux qui souffrent de presbytie.

Avec une police Arial de taille 18, la lecture devient confortable y compris pour beaucoup sans lunettes.

Découvrez ou redécouvrez les grands classiques en grands caractères avec Memoria Books.

PRÉFACE

L'Ecclésiaste est un livre de l'Ancien Testament. Passé dans le langage courant, le mot « ecclésiastique » signifie aujourd'hui : « relatif à une église, à son clergé ». Pourtant, le texte de l'Ancien Testament dont il est question ne fait nulle part allusion à la moindre église, et encore moins à un quelconque clergé ou ordre religieux. *L'Ecclésiaste* est en effet probablement le seul passage de la Bible qui parlera autant aux athées qu'aux croyants. C'est un livre de réflexions générales sur la vie, dont certaines sont passées dans le langage courant, comme « *Rien de nouveau sous le soleil* », ou « *Il y a un temps pour tout* », ou encore « *Vanité, rien que vanité, tout est vanité* ».

Fataliste, énigmatique, contradictoire car dialectique, presque nihiliste parfois, ce livre a une portée générale et universelle. À l'aune de l'époque moderne, on peut l'analyser comme étant le premier livre de développement personnel, car il donne des conseils et pose des préceptes de vie et de bien-être.

Un important précepte donné dans *L'Ec-clésiaste*, devenu cher à tous les livres de développement personnel, est celui de non-procrastination. Je cite : « *Toute affaire qui se présente à la portée de ta main, fais-la vite ; car il n'y aura ni activité, ni pensée, ni savoir, ni sagesse dans le Schéol vers lequel se dirigent tous tes pas.* » Aujourd'hui, on dirait qu'il faut « battre le fer pendant qu'il est chaud », mais au-delà de cela, on peut y voir la nécessité d'accomplir, de bâtir une œuvre durant sa vie, car la vie n'a pas de suite ni ici ni ailleurs. La phrase citée ci-dessus montre en effet qu'on est loin de la notion d'enfer et de paradis chère au Nouveau Testament, car dans l'Ancien Testament, d'une manière générale, le Schéol désigne la condition spirituelle où se trouvent, après la mort, toutes les âmes. Le Nouveau Testament a amené le principe de résurrection de la chair, alors que dans *L'Ecclésiaste*, « *l'homme ne survit pas plus que l'animal, le sort des fils d'Adam, c'est le sort de la bête* ». D'ailleurs, il est aussi écrit, comme pour insister, corroborer : « *Mange ton pain en liesse, bois ton vin en bonne humeur, puisque D.ieu a fait prospérer tes affaires. Que toujours tes habits soient blancs, que les parfums ne cessent de couler sur ta tête. Savoure la vie avec la femme que tu aimes, tous les jours de ce court passage que D.ieu t'a donné d'accomplir sous le soleil, tous les jours, dis-je, de ta frivole existence ; car voilà ton vrai lot, le prix des peines que tu t'es données sous le soleil.* » Le principe de non-procrastination renvoie donc à un principe d'équilibre que tout un chacun doit trouver entre ascétisme et épicurisme, entre folie et sagesse, entre épargner et dépenser. Travailler sobrement et durement, puis jouir des fruits de son travail. Le vin a d'ailleurs une grande importance dans ce livre, il symbolise la jouissance des fruits du labeur, l'enivrement indispensable à la condition de l'homme ayant travaillé sous le soleil. Ce que l'on retrouve dans la fameuse expression « Un temps pour tout », maintes fois répétée et déclinée. Une expression qui renvoie à la notion de cycle. *L'Ecclésiaste* insiste en effet sur la répétition dans le temps des choses, des phénomènes, de l'Histoire. C'est l'ancêtre de la conception cyclique de l'Histoire, adoptée aujourd'hui par une minorité d'économistes comme Schumpeter (XXe siècle). Citons, dès le début du livre : « *Ce qui a été, c'est ce qui sera ; ce qui est arrivé arrivera encore. Rien de nouveau sous le soleil. Quand on vous dit de quelque chose : "Venez voir, c'est du neuf", n'en croyez rien ; la chose dont il s'agit a déjà existé dans les siècles qui nous ont précédés. Les hommes d'autrefois n'ont plus chez nous de mémoire ; les hommes de l'avenir n'en laisseront pas davantage chez ceux qui viendront après eux.* » C'est pourquoi, selon l'auteur de ce texte, il est vain de se dire qu'hier était mieux qu'aujourd'hui. Autrement dit, il ne faut jamais regretter le passé. Et puisqu'il est vain de regretter, tout comme il est vain de croire que notre trace sera indélébile, la notion de vanité est au cœur de la réflexion. Ne pourrait-on pas s'interroger sur la vanité politique de nos jours ? La vanité de regretter d'avoir pollué, par exemple, qui renvoie à la vanité de penser que l'Homme est si fort qu'il a détruit la Terre… et qu'il peut changer le cours des choses s'il le décide. Une vanité qui pousse à une autre vanité, celle d'interdire, d'infantiliser, chère à nos sociétés européennes. La vanité ne nous gouverne-t-elle pas de nos jours ? Nos politiques devraient lire et relire *L'Ecclésiaste*. Et ne parlons pas des dictateurs, tyrans et oppresseurs qui existent et ont existé en tout temps. « *Partout des opprimés baignés de larmes, et personne pour les consoler ! Des gens suppliant qu'on les tire des mains de ceux qui les oppriment, et personnes pour les délivrer.* »

Les réflexions de bon sens, qui se placent au-dessus de la mêlée, n'ont pas pris une seule ride de nos jours ; elles s'enchaînent tout au long des pages de ce texte. Mais justement, qui est l'auteur de ces réflexions ? C'est le fameux Qohélet, qui se présente implicitement comme le fils du Roi David. Était-il donc le Roi Salomon ? Voltaire, en son temps plus proche de nous, en doutait, mais à ce jour, nul n'a vraiment la réponse… Toujours est-il que ce texte biblique, simple, accessible, est à lui seul l'un des plus grands legs de toute l'humanité. Sa portée est universelle, et contrairement à une psychologie freudienne ou autre qui est contingente à telle ou telle culture, il y a ici un principe plénier et absolu.

Plusieurs traductions existent, dans les différentes Bibles du monde, à différentes époques. La présente version a été traduite et adaptée par le grand Ernest Renan (philosophe, écrivain et théologien français) en 1881, à une époque donc finalement très proche de l'époque actuelle, compte tenu de l'éloignement du texte originel qu'on date entre le XIe et le IIIe siècle av. J.-C. Un texte absolument atemporel, qui aurait peut-être 3 000 ans, idéal pour la collection Les Atemporels. Que j'ai tenu à préfacer, étant fan de ce court passage, aussi fulgurant que la vie, à lire et relire, dont il convient de s'imprégner de chaque précepte de bon sens, de chaque nuance, beaucoup plus profond et immortel que toute analyse psychologique moderne, forcément plus ou moins anthropologique.

Jean-David Haddad

Auteur, éditeur, économiste
et sociologue
25 mai 2022

PAROLES DE COHÉLET,

FILS DE DAVID, ROI DE JÉRUSALEM

I

Vanité des vanités, disait Cohélet ; vanité des vanités ; tout est vanité !

Quel profit l'homme retire-t-il des peines qu'il se donne sous le soleil ? Une génération s'en va ; une génération lui succède ; la terre cependant reste à sa place. Le soleil se lève ; le soleil se couche ; puis il regagne en hâte le point où il doit se lever de nouveau. Tantôt soufflant vers le sud, ensuite passant au nord, le vent tourne, tourne sans cesse, et revient éternellement sur les cercles qu'il a déjà tracés. Tous les fleuves se jettent dans la mer, et la mer ne regorge pas, et les fleuves reviennent au lieu d'où ils coulent pour couler encore.

Tout est difficile à expliquer ; l'homme ne peut rendre compte de rien ; l'œil ne se rassasie pas à force de voir ; l'oreille ne se remplit pas à force d'entendre.

Ce qui a été, c'est ce qui sera ; ce qui est arrivé arrivera encore. Rien de nouveau sous le soleil. Quand on vous dit de quelque chose : « Venez voir, c'est du neuf », n'en croyez rien ; la chose dont il s'agit a déjà existé dans les siècles qui nous ont précédés. Les hommes d'autrefois n'ont plus chez nous de mémoire ; les hommes de l'avenir n'en laisseront pas davantage chez ceux qui viendront après eux.

II

Moi, Cohélet, j'ai été roi sur Israël, à Jérusalem. La première application que je fis de mon esprit fut de rechercher et d'examiner avec soin tout ce qui se passe sous le soleil. J'arrivai bientôt à reconnaître que c'est la pire des occupations que Dieu ait données aux fils d'Adam pour s'y user. Ayant vu, en effet, toutes les choses qui se font sous le soleil, je n'y trouvai que vanité et pâture de vent.

On ne peut redresser ce que Dieu créa courbe,
Ni faire quelque chose avec ce qui n'est pas.

Je me disais en moi-même : « Me voilà grand ; j'ai accumulé plus de science qu'aucun de ceux qui ont vécu avant moi dans Jérusalem ; mon intelligence a vu le fond de toute chose ; j'ai appliqué mon esprit à connaître la sagesse et à la discerner de la folie. » J'appris bien vite que cela aussi est pâture de vent ; car

Qui thésaurise la sagesse
Thésaurise aussi la tristesse,
Et trop de science entasser
C'est mauvaise humeur amasser.

III

Alors je me dis à moi-même : « Voyons, essayons de la joie ; goûtons le plaisir. » Je devais reconnaître que cela aussi est vanité ; car bientôt

Au rire je dis : « Folie ! »
Au plaisir : « Que me veux-tu ? »

Je résolus, dis-je, en mon cœur de demander au vin le bien-être de ma chair et sans renoncer pour cela à mes projets de sagesse, d'adhérer momentanément à la folie, jusqu'à ce que j'eusse découvert ce qui vaut le mieux pour les fils d'Adam, entre tant d'occupations diverses auxquelles ils se livrent sous le soleil durant les jours de leur vie. Je fis de grandes œuvres ; je me bâtis des palais ; je me plantai des vignes ; je me construisis des jardins et des parcs ; j'y plantai des arbres fruitiers de toute sorte ; je fis creuser des réservoirs d'eau pour arroser mes bois de haute futaie ;

j'achetai des esclaves des deux sexes ; si bien que le nombre des enfants de ma maison, de mes bœufs et de mes brebis surpassa celui que personne n'eût jamais possédé avant moi à Jérusalem. En même temps, j'entassai dans mes trésors l'argent, l'or, l'épargne des rois et des provinces ; je me procurai des troupes de chanteurs et de chanteuses et tous les délices des fils d'Adam de quelque genre que ce fût. Ainsi je devins plus grand et j'amassai plus de bien que tous ceux qui avaient été avant moi à Jérusalem, sans que pour cela ma sagesse m'abandonnât. Et je ne refusai à mes yeux rien de ce qu'ils souhaitèrent, je n'interdis à mon cœur aucune joie. « Après tout, me disais-je, je ne fais que jouir de ce que j'ai gagné par mon travail ; ces plaisirs sont la récompense des peines que je me suis données. »

Puis, m'étant mis à considérer les œuvres de mes mains et les travaux auxquels je m'étais livré, je reconnus que tout est vanité et pâture de vent, que rien n'est profit solide sous le soleil.

IV

Je me pris alors à étudier quelle différence il peut y avoir entre la sagesse d'une part, la folie et la sottise de l'autre. « Car, me disais-je, quel homme venant après un roi peut refaire les expériences qu'il a faites ? »

Je crus d'abord que la supériorité de la sagesse sur la sottise est comme la supériorité de la lumière sur les ténèbres.

Le sage a des yeux dans sa tête,
Et le fou marche dans la nuit.

Or bientôt je vis qu'une même fin est réservée à tous les deux. Et je pensai en moi-même : « Si la destinée qui m'attend est la même que celle du fou, que me sert alors d'avoir travaillé sans relâche à augmenter ma sagesse ? » Et je dis en mon cœur :

« Encore une vanité. » Il n'y a pas plus de souvenir éternel pour le sage que pour le fou. Dans ce qui sera le passé des jours à venir, tout sera oublié. Comment se fait-il que le sage et le fou meurent de la même manière ?...

Ces réflexions me firent prendre la vie en haine ; j'eus de l'aversion pour tout ce qui se passe sous le soleil, voyant que tout est vanité et pâture de vent. Et je pris en dégoût les travaux auxquels je m'étais livré sous le soleil, songeant qu'il faudrait en laisser le fruit à l'homme qui me succédera. Or cet homme, qui sait s'il sera sage ou fou ? Et c'est cet homme-là qui sera le maître de tout ce que j'ai gagné par les travaux que j'ai menés à fin avec tant de labeur et de sagesse sous le soleil ! Encore une fois, vanité !

Je me pris donc à n'avoir que du dégoût au cœur pour tous les travaux auxquels je m'étais livré sous le soleil. Voilà un homme dont la vie laborieuse a été un chef-d'œuvre de sagesse, de savoir et de bonne fortune, eh bien, il laisse tout ce qu'il a gagné, sa juste part, à quelqu'un qui n'y a été pour rien. Quelle vanité ! Quel abus ! car enfin que revient-il ainsi à cet homme-là de toutes les peines et de tous les soucis qu'il s'est donnés sous le soleil ? Ses jours ont été pleins d'ennui ; l'inquiétude a été son état habituel ; même la nuit son esprit ne dormait pas. Ô vanité ! Ne vaut-il donc pas mieux pour l'homme, manger, boire, goûter à son aise le plaisir conquis au prix de son travail ? J'arrivai même à penser que ce genre de bonheur nous vient de la main de Dieu. Si l'on mange, si l'on boit, n'est-ce pas grâce à lui ? Il donne à celui qui lui plaît sagesse, intelligence et joie ; à celui qui en-court sa disgrâce il assigne la besogne d'amasser, d'entasser des richesses qu'il donne ensuite à celui qui lui plaît. Donc, en-core une fois : Vanité ! pâture de vent !

V

Il y a temps pour tout, et chaque chose sous le ciel a son heure :

Temps de naître et temps de mourir,
Temps de tuer, temps de guérir,
Temps de planter, temps de détruire,
Temps de bâtir, temps d'arracher,
Temps de gémir, temps de danser,
Temps de pleurer et temps de rire.

Temps d'assembler les blocs, temps de les disperser,
Temps d'aimer les baisers et temps de les maudire,
Temps de poursuivre un rêve ou de se d'interdire,
Temps d'aimer un objet, temps de le repousser.

Temps où l'on coud, où l'on déchire,
Temps où l'on garde, où l'on se tait,
Temps où l'on hait, où l'on soupire,
Temps de la guerre et temps de paix.

Que reste-t-il donc à l'homme, des peines qu'il a prises ? J'ai vu toutes les occupations que Dieu a données aux fils d'Adam pour qu'ils s'y abrutissent. Il a fait toute chose bonne à son heure ; le monde, il le déroule devant les hommes, mais de façon que, d'un bout à l'autre, ils ne puissent rien comprendre à ses desseins.

Donc, conclus-je alors, il n'y a qu'une seule chose bonne pour l'homme, c'est de se réjouir et de goûter le bonheur pendant qu'il vit. Oui, quand un homme mange, boit, jouit du bien-être acquit par son travail, cela est un don de Dieu. Je vis clairement que tout ce que Dieu a fait restera éternellement tel qu'il l'a fait. Rien n'y peut être ajouté ; on n'en saurait rien retrancher. Tout cela, Dieu l'a fait pour qu'on le craigne. Le passé a existé dans un passé antérieur ; l'avenir a déjà été ; Dieu recherche, pour le faire être encore, ce qui semblait avoir fui pour jamais.

VI

J'ai vu une autre chose sous le soleil : c'est le méchant assis au lieu où se rendent les jugements et l'iniquité trônant sur le siège de justice. « Dieu, me suis-je dit d'abord, jugera le juste et le méchant ; car il a fixé un temps à toute chose. » Mais bientôt j'ai reconnu que les enfants d'Adam ne sont pas aussi privilégiés de Dieu qu'ils le paraissent et qu'ils n'ont en réalité aucune supériorité sur l'animal. Car la destinée des enfants d'Adam et celle des animaux sont une seule et même chose. La mort des uns, c'est la mort des autres ; il n'y a qu'un même souffle en tout ; la supériorité de l'homme sur l'animal n'existe pas ; tout est vanité. Tout va vers un même lieu. Tout est venu de la poussière et tout retourne à la poussière. Qui sait si, tandis que le souffle des enfants d'Adam monte en haut, le souffle de l'animal descend en bas, vers la terre ?

Je me confirmai donc dans cette pensée qu'il n'y a pour l'homme qu'une seule chose vraiment bonne, c'est de jouir lui-même du fruit de ses œuvres ; c'est là son vrai lot : en effet, après sa mort, qui le ramènera pour voir comment les choses se passeront ?

VII

Et je me remis à observer, et je vis les actes d'oppression qui se passent sous le soleil. Partout des opprimés baignés de larmes, et personne pour les consoler ! Des gens suppliants qu'on les tire des mains de ceux qui les oppriment, et personnes pour les délivrer.

Alors je félicitai les morts et je préférai le sort de ceux qui ont disparu avant nous au sort des vivants dont l'existence s'est prolongée jusqu'à présent. Plus heureux que les uns et que les autres me parurent ceux qui n'ont jamais existé, puisqu'ils n'ont pas vu les choses qui se passent sous le soleil.

Je compris que tout effort, tout succès se résume en jalousie, en désir de surpasser son semblable. Encore une vanité, une pâture de vent !

L'insensé se croise les mains
Et vit de sa propre substance.

Mieux vaut une poignée de bonheur calme que les deux mains pleines de labeur et de vains soucis.

VIII

Autre vanité que j'ai vue sous le soleil : un homme seul, qui n'a personne pour lui succéder [1], ni fils ni frère, et il travaille tout de même sans relâche, et son œil ne se rassasie pas de voir affluer chez lui les richesses. « Eh ! pour qui donc travaillé-je, se dit-il parfois, et privé-je mon âme de tout plaisir ? » Encore une vanité, une triste chose !

Deux valent mieux qu'un ; car, quand deux sont associés, leur travail a sa récompense. Si l'un des deux tombe, l'autre le relève ; mais malheur à l'homme seul ! S'il tombe, il n'a pas de second pour le relever. Si deux sont couchés ensemble, ils ont chaud ; mais l'homme seul, comment se réchauffera-t-il ? Quand le brigand s'attaque au voyageur qui

______

[1] L'auteur se désigne lui-même à mots couverts.

a un compagnon, tous deux se réunissent pour lui tenir tête. Le fil tressé de trois brins ne se rompt pas vite.

IX

Mieux vaut un garçon pauvre et avisé qu'un vieux roi absurde, qui ne sait plus se laisser éclairer.

Tel passe en un moment de la prison au trône ;
Tel est né misérable en ses futurs états.

J'ai vu tout le monde s'empresser à la suite du jeune héritier qui doit succéder au vieux roi. Infinis ont été les maux qu'on a soufferts dans le passé ; mais, dans l'avenir, on n'aura pas plus à se réjouir de celui-ci... Toujours vanité et pâture de vent !

X

Observe bien tes pas quand tu vas à la maison de Dieu. Mieux vaut l'obéissance à la loi que les sacrifices des sots qui ne savent que faire le mal. Réprime les empressements de ta bouche, et que ton cœur ne se hâte pas de proférer des promesses en présence de Dieu ; car Dieu est dans le ciel, et, toi, tu es sur la terre. Que tes paroles soient donc en petit nombre.

Les songes, en effet, viennent à tout propos,
La voix du sot se perd en un flot de paroles.

Quand tu as fait un vœu à Dieu, ne tarde pas à l'accomplir ; Dieu n'aime pas les sots. Acquitte ce que tu as voué ; mieux vaut ne pas faire de vœux que d'en faire et de ne pas les accomplir. Ne permets pas à ta propre bouche de te constituer pécheur, et ne te mets pas en situation d'être obligé de dire à l'envoyé des prêtres : « C'était une erreur », de peur que Dieu ne s'irrite et qu'il n'anéantisse l'œuvre de tes mains. Tous ces songes n'aboutissent qu'à un tas de paroles vaines ; crains plutôt Dieu !

XI

Si tu vois dans la province le pauvre opprimé et la rapine prendre la place de la justice et du jugement, ne t'en étonne pas ; c'est que les grands sont surveillés par des grands et qu'au-dessus d'eux il y a des grands encore. L'excellence de la terre se montre en tout ; le roi même est soumis aux champs. Celui qui aime l'argent est insatiable d'argent ; celui qui aime l'opulence n'en goûte pas toujours les fruits. Quelle vanité encore ! Quand s'augmente la fortune, se multiplient ceux qui la grugent et le propriétaire n'en tire d'autre avantage que de voir la chose de ses yeux. Doux est le sommeil du laboureur, qu'il mange peu ou beaucoup, tandis que la satiété ne permet pas au riche de dormir.

XII

Il y a un travers bizarre que j'ai vu sous le soleil : c'est la richesse qu'un possesseur jaloux garde soigneusement pour son héritier. Que cette richesse vienne à périr par quelque accident et le fils qu'il a mis au monde a les mains vides.

Quant à lui, sorti nu du sein de sa mère, il s'en va tel qu'il est venu, et il n'est pas une parcelle du fruit de son travail qu'il puisse emporter dans sa main. Oui, c'est là un travers bizarre. De la même façon qu'il est venu, il s'en ira... Quel profit lui revient-il d'avoir travaillé pour le vent ? Tous ses jours se sont passés sombres et tristes ; il a énormément peiné ; sa vie n'a été qu'im-patience. Mon avis est donc que le meilleur parti pour l'homme est de manger, de boire et de jouir du fruit des peines qu'il s'est données sous le soleil, durant le nombre de jours que Dieu lui a compté.

Voilà son vrai lot. Toutes les fois que Dieu accorde à un homme des richesses, des trésors, et qu'il lui permet d'en goûter, d'en prendre sa part, de se réjouir du fruit de son travail, il faut regarder cela comme un don de Dieu. L'homme, en effet, cesse de penser à la brièveté des jours de sa vie tout le temps que Dieu tient son cœur en joie.

XIII

Encore un mal que j'ai vu sous le soleil et qui pèse lourdement sur l'humanité. C'est le cas d'un homme à qui Dieu a donné richesse, trésors, honneurs, qui ne manque de rien de ce qu'il désire, et à qui Dieu ne permet pas de jouir de sa fortune, si bien qu'un étranger mange le tout à sa place. Voilà une vanité et un abus étrange ! Quand même un homme donnerait le jour à cent fils et qu'il vécût des années aussi nombreuses que l'on voudra, s'il ne goûte aucun plaisir, et qu'après sa mort il n'ait pas de sépulture, je dis que le sort de l'avorton vaut mieux que le sien. L'avorton est venu dans le vide, il s'en va dans les ténèbres ; son nom est recouvert à jamais par la nuit ; il n'a pas vu le soleil. Mieux vaut son sort que celui de cet homme. Lors même qu'on vivrait deux fois mille ans, si avec cela on ne jouit d'aucun plaisir, qu'est-ce que cela ? Toutes les choses n'aboutissent-elles pas au même terme ?

XIV

L'homme ne travaille que pour sa bouche et n'arrive pas encore à se rassasier. Quel avantage a le sage sur le fou ? Que revient-il à l'homme modeste qui s'applique à marcher avec sagesse devant les vivants ? Mieux vaut vivre à sa guise que de s'exténuer. Trop de vertu est aussi une vanité, une pâture de vent. Tout ce qui existe est déterminé avant d'exister ; tel être a été prédestiné à naître homme ; il ne pourra pas tenir tête à plus fort que lui.

XV

Il y a une sagesse qui s'en va répétant à tout propos : « Vanité ! … quel profit pour l'homme ? … Qui sait ce qui est bon pour l'homme durant le petit nombre de jours qu'il passe parmi les vivants, jours frivoles qui fuient comme une ombre ? … Qui peut enseigner à l'homme ce qui après lui se passera sous le soleil ? »

Mieux vaut un bon renom que l'huile parfumée ;

Mieux vaut le dernier jour que le jour où l'on naît.

Mieux vaut aller à la maison des pleurs
Qu'à la maison où se donne la fête
À tous la même fin s'apprête ;
Vivants, rentrez donc en vos cœurs.

Mieux vaut le souci que le rire ;
La tristesse du front est bonne pour le cœur.

Le sage toujours pense à la maison de deuil ;
Le fou ne sait rêver qu'à la maison de joie.

Mieux vaut le ton grondeur du sage
Que la chanson de l'insensé.
Les rires de l'écervelé
Ressemblent au bruit du feuillage
Qui crépite sous le trépied.
Eh bien, cela aussi est vanité ;

L'oppression fait d'un sage un fou,
Et perd le cœur le plus paisible.

Mieux vaut la fin que le commencement ;
L'attente réussit mieux que l'emporte-ment.

Ne sois donc pas prompt à t'emporter ; car

Dépit, au sein des fous, élit son domicile.

XVI

Garde-toi de dire : « Comment se fait-il que les jours d'autrefois valaient mieux que ceux d'à présent ? » Une pareille question n'est rien moins que sage. Sagesse vaut richesse pendant qu'on voit le soleil. L'abri que procure la sagesse vaut l'abri que donne l'argent, et la sagesse a un avantage, c'est qu'elle procure longue vie à celui qui la possède.

Considère l'œuvre de Dieu ;
Qui peut redresser
Ce qu'il a fait courbe ?

Au jour du bonheur, sois en joie et, au jour du malheur, considère que Dieu a fait le bien comme le mal ; jouis du présent ; l'homme, en effet, une fois mort, ne trouvera rien après lui.

XVII

J'ai vu tout arriver dans les jours de ma vaine existence. Tel juste périt nonobstant sa justice ; et tel scélérat coule de longs jours nonobstant sa scélératesse. Ne sois pas trop juste et n'affecte pas trop de sagesse, de peur d'être un niais. Ne sois pas non plus trop méchant, ne va pas jusqu'à la folie, de peur que tu ne meures avant le temps. La perfection c'est, tout en s'attachant à un principe, de ne pas lâcher le principe opposé ; par la crainte de Dieu on sort de tous les embarras. La sagesse est pour le sage une force supérieure à ce que sont dix capitaines pour une ville.

Il n'y a pas d'homme juste sur la terre ; pas un seul qui fasse le bien et ne pèche pas. Laisse donc, sans les remarquer, bien des choses qui se disent. Par exemple, quand ton esclave profère des malédictions contre toi, garde-toi d'entendre ; songe en toi-même que souvent aussi il t'est arrivé de proférer des malédictions contre les autres.

J'ai examiné tout cela en sage, me disant sans cesse : « Allons, plus de sagesse encore ! » Et voilà que la sagesse est toujours restée loin de moi :

Qui peut saisir l'objet que le lointain dérobe ?
Qui peut toucher le fond de l'abîme sans fond ?

XVIII

Or, dans cette investigation universelle, dans cette recherche pour trouver ce qui est le parti le plus sage et le plus avisé, dans cet examen qui fit passer devant mes yeux toutes les malices, toutes les insanités, toutes les absurdités, toutes les folies, j'ai trouvé quelque chose de plus amer que la mort : c'est la femme dont le cœur est un lac, un filet, et dont les mains sont des chaînes. Celui qui plaît à Dieu se sauve d'elle ; le disgracié de Dieu s'y laisse prendre. « Voyez, ceci est le résultat de mon expérience, dit le Cohélet. En les prenant toutes une à une, pour dresser la longue liste des choses que j'ai cherchées sans les avoir trouvées, je crois que j'ai bien trouvé un homme sur mille ; mais une femme parmi toutes celles que j'ai connues, je n'en ai pas trouvé une seule ! Tenez, voici ce que j'ai trouvé : c'est que Dieu a fait la nature humaine droite, et que ce sont les hommes qui inventent des roueries sans fin. »

XIX

Oh ! la belle chose qu'un sage !
Heureux qui sait le mot de tout !
La sagesse d'un homme éclaire son visage,
Tandis que l'insolent est bien près d'être un fou.

Aie les yeux fixés sur la bouche du roi, pour lui obéir, comme si tu en avais prêté le serment à Dieu. Ne sors pas précipitamment de sa présence ; ne persiste pas avec lui dans des propos désagréables ; car il fait tout ce qu'il veut.

> *Un mot d'un roi, c'est une force ;*
> *Qui peut lui dire : « Que fais-tu ? »*

Celui qui exécute bien l'ordre qu'il a reçu ne connaîtra pas la disgrâce. Un esprit sage sait discerner le moment favorable et la manière de s'y prendre ; car, en toute chose, il y a le moment favorable et la manière de s'y prendre. Ce qui rend la condition de l'homme si mauvaise, c'est qu'il ignore ce qui doit arriver et que nul ne peut lui indiquer comment les choses se passeront. Personne n'a pouvoir sur le vent pour emprisonner le vent ; personne n'a pouvoir sur le jour de la mort, ni assurance de s'échapper le jour de la bataille. Même la richesse, à ces moments-là, ne sauve pas toujours son propriétaire.

XX

J'ai vu tout cela et j'ai appliqué ma pensée aux faits qui arrivent sous le soleil, dans un temps où l'homme ne domine sur l'homme que pour lui faire du mal.

Ainsi j'ai vu des enterrements de scélérats. Le convoi est en marche, s'éloigne en procession du lieu saint, et on entend faire l'éloge de ces misérables dans la ville où ils ont commis leurs méfaits. Encore une vanité !

C'est parce que prompte justice n'est pas faite du mal que les hommes sont enhardis à pratiquer le mal. Tel pécheur qui a commis cent crimes arrive à un âge avancé, et cependant on m'a enseigné que le bonheur est réservé à ceux qui craignent Dieu, pour leur apprendre à le craindre ; que le bonheur ne saurait être le partage du méchant ; que celui-ci ne vit pas longtemps ; que ses jours sont comme une ombre et cela parce qu'il ne craint pas Dieu. Est-il un renversement comparable à celui-ci : des justes qui sont traités selon les œuvres des méchants, des méchants qui sont traités selon les œuvres des justes ? « Encore une vanité ! », me suis-je dit.

Alors j'ai chanté un hymne à la joie, puisqu'il n'y a rien de bon pour l'homme sous le soleil que de manger, de boire, de se réjouir, et que c'est là tout ce qui lui reste des travaux auxquels il s'est livré durant les jours de vie que Dieu lui a donnés sous le soleil.

Cherchant la vérité, poursuivant ma tentative de savoir tout ce qui se passe sur la terre, je vis ainsi les œuvres de Dieu passer sous mon regard et je reconnus que l'homme, quand même jour et nuit il refuserait le sommeil à ses yeux, ne saurait arriver à la compréhension de ce qui arrive sous le soleil. Non, quelque effort, quelque recherche qu'il fasse, il n'y arrivera jamais, et tel savant qui prétend en savoir quelque chose en réalité n'y comprend rien.

XXI

J'ai donc réfléchi à tout cela, et le fruit de mes réflexions a été que le sort des justes et des sages, comme celui de tout le monde, est, quoi qu'ils fassent, dans la main de Dieu. Amour et haine sont également frivoles. L'homme ne sait rien ; tout ce qui le touche est vanité.

Il n'y a, en effet, qu'une même destinée pour tous, pour le juste comme pour le méchant, pour l'homme vertueux comme pour l'impie, pour celui qui est pur comme pour celui qui est souillé, pour celui qui sacrifie comme pour celui qui ne sacrifie pas. Le meilleur des hommes est traité comme le pécheur, le parjure comme celui qui respecte le serment.

Voilà le plus grand mal qu'il y ait sous le soleil, c'est qu'il n'y ait qu'une même destinée pour tous. Voilà pourquoi l'âme des enfants d'Adam est pleine de méchanceté. La folie habite leur cœur pendant leur vie ; après cela, ils s'en vont chez les morts. Or cela vaut-il mieux ? Non. Les vivants au moins ont l'espoir. Un chien vivant vaut mieux qu'un lion mort. Les vivants savent qu'ils mourront tandis que les morts ne savent rien. Pour eux, plus de récompense, car leur mémoire est oubliée. Leurs amours, leurs haines, leurs rivalités ont péri depuis longtemps, et il n'y a plus désormais de part pour eux en tout ce qui se fait sous le soleil.

Or sus donc ! mange ton pain en liesse, bois ton vin en bonne humeur, puisque Dieu a fait prospérer tes affaires. Que toujours tes habits soient blancs, que les parfums ne cessent de couler sur ta tête. Savoure la vie avec la femme que tu aimes, tous les jours de ce court passage que Dieu t'a donné d'accomplir sous le soleil, tous les jours, dis-je, de ta frivole existence ; car voilà ton vrai lot, le prix des peines que tu t'es données sous le soleil.

Toute affaire qui se présente à la portée de ta main, fais-la vite ; car il n'y aura ni activité, ni pensée, ni savoir, ni sagesse dans le *schéol* vers lequel se dirigent tous tes pas.

XXII

J'ai vu encore sous le soleil que, quand il s'agit de course, on ne s'adresse pas au meilleur coureur ; que, quand il s'agit de guerre, on ne fait point appel aux braves ; que le pain n'est pas pour les sages, ni la richesse pour les intelligents, ni la faveur pour ceux qui savent. Les circonstances et le hasard règlent tout et l'homme ne connaît pas plus l'heure de sa destinée que les poissons pris dans les rets et les oiseaux pris au piège. Comme eux, les fils d'Adam sont engagés dans les filets pour l'heure fatals qui tombe sur eux à l'improviste.

Voici un exemple de sagesse que j'ai vu sous le soleil, et qui m'a paru frappant. Il y avait une petite ville qui comptait très peu d'habitants ; un roi puissant marcha contre elle, l'assiégea et bâtit autour d'elle de grandes contrevallations. Or il se trouva dans cette ville un pauvre homme sage, et il fit si bien qu'il délivra la ville par sa sagesse. Et maintenant personne ne se sou-

vient de ce pauvre homme. Et je fis deux
réflexions :

Mieux vaut sagesse
Que forteresse.

La sagesse du pauvre est vite mépri-
sée ;
À ses conseils toute oreille est fermée.

XXIII

La voix du sage, écoutée en silence,
Vaut mieux que les clameurs du roi des
étourdis.

La sagesse vaut mieux que les engins de
guerre ; d'un autre côté un seul pécheur
suffit pour annuler beaucoup de bien. Une
mouche morte gâte tout un vase de parfums ; de même tout le prix de la sagesse
et de la gloire est détruit par un peu de folie.

À droite est le cœur du sage ;
À gauche est le cœur du sot.

Rien qu'à voir le sot faire un pas sur la route, on voit que la tête lui fait défaut ; par sa seule démarche il dit à tout le monde : « Je suis un sot. »

Il faut savoir se tenir. Si la colère du souverain s'allume contre toi, ne quitte pas trop vite ta place ; car, si on se lève trop vite, on donne lieu de croire qu'on a commis de grands méfaits.

XXIV

Il y a un abus que j'ai vu sous le soleil et dont les autorités sont la cause ; c'est quand les gens de rien sont placés en haut, et que les grands, les notables sont assis en bas. J'ai vu les valets à cheval et les princes marcher à terre comme des valets. On aura les conséquences. Celui qui creuse une fosse y tombe ; celui qui démolit une muraille, le serpent le mord. Celui qui taille les pierres est atteint par les éclats ; celui qui fend du bois en reçoit toujours quelque blessure. Un fer émoussé, dont on n'a pas affilé le tranchant, est une force encore ; ainsi la sagesse finit par l'emporter. Quand le serpent mord celui qui le charme, quel beau profit pour le charmeur !

La parole du sage est de grâce remplie,
Et les lèvres du sot sont causes de sa
mort.

Il débute par l'ineptie ; il finit par la plus triste insanité. Le niais multiplie les paroles.

L'homme ne sait pas ce qui a été avant lui ; qui donc lui révélerait ce qui aura lieu après lui ? Bien sot qui prend pour lui le travail fatigant et n'a pas l'idée de venir à la ville.

XXV

Malheur à toi, pays qui a pour roi un esclave et dont les princes sont à table dès le matin ! Heureux pays, au contraire, qui a pour roi un fils d'homme libre et dont les princes mangent à l'heure convenable, pour réparer leurs forces, non par sensualité.

Le plancher s'effondre bien vite
Sur la tête des nonchalants ;
Et la maison fait eau par suite
Des bras ballants.

Misérables, qui se font un jeu du pain et du vin, faits pour réjouir honnêtement la vie… L'argent couvre tout…

Sous un tel gouvernement, il faut se défier. Même quand tu es seul avec toi-même, ne maugrée pas contre le roi ; au fond de ta chambre à coucher, ne dis pas un mot contre l'homme puissant ; car l'oiseau du ciel pourrait saisir tes paroles et les

faire voyager ; la gent ailée pourrait rapporter ce que tu as dit.

XXVI

Lance hardiment ta fortune en haute mer ;
avec le temps, tu la retrouveras agrandie.
Fais-en sept parts et même huit ; car tu ne
sais pas quel malheur peut tomber sur la
terre. Quand le ciel se charge de nuages,
c'est qu'une averse va tomber ; quand
l'arbre se couche au midi ou au nord, l'endroit où il tombe, c'est l'endroit où il reste.

Qui sur le vent trop délibère
Perds le moment d'ensemencer ;
Qui toujours le ciel considère
Manque l'heure de moissonner.

De même que tu ignores la route que suit
le souffle de vie pour arriver aux os de l'em-
bryon dans le sein de la femme enceinte ;
de même que tu ne sais rien de la façon

dont Dieu fait ce qu'il fait. Sème le matin, et le soir ne laisse pas reposer ta main ; car tu ne sais pas si c'est la semailles du matin ou celle du soir qui doit réussir, ou si toutes les deux sont également bonnes.

Très douce est la lumière ;
Rien n'est bon pour les yeux comme voir
le soleil.

Si un homme vit de nombreuses années, toujours en joie, qu'il n'oublie pas que les jours sombres viendront et seront plus nombreux que les jours écoulés. Tout est vanité.

XXVII

Réjouis-toi, jeune homme, durant ta jeunesse, et amuse-toi dans les jours de ton adolescence ; marche dans les voies de ton caprice et selon ce qui te semble agréable ; mais sache que Dieu te demandera compte de tout cela. Écarte le souci de ton cœur, épargne toute fatigue à ta chair ; hâte-toi, car la jeunesse et la fraîcheur passent vite.

Souviens-toi de ton créateur aux jours de ta jeunesse, avant que viennent les jours du mal et qu'approchent les années dont tu diras : « Rien ne m'y plaît. »

Avant que s'obscurcissent le soleil et la lumière, la lune et les étoiles, et que les nuages remontent aussitôt après l'ondée ;

Quand trébuchent les sentinelles
Debout sur le seuil du logis ;
Quand se voilent les demoiselles
Qui regardent par les treillis ;
Quand des forts les roideurs fléchissent ;
Quand les servantes du moulin,
En nombre insuffisant, mollissent
Et cessent de broyer le grain ;

Quand, chaque jour, on voit se fermer quelque porte,
Du côté du bazar, entre le monde et soi ;

Quand, des bruits du dehors, le vent ne vous apporte
Que le cri de la meule et son grincement froid ;
Quand du petit oiseau les chansons ma-
tinales
Dissipent un sommeil venu tardivement ;
Quant aux accords charmants des notes virginales
Succède le repos du désenchantement ;

Quand on craint les moindres montées,
Que tout dans le chemin fait peur,
Que pour la sauterelle on n'a que des nausées,
Que l'amande est trop dure à des dents ébréchées
Et la câpre impuissante à rendre la vi-
gueur :

Signe évident que déjà l'on s'engage
Dans le chemin qui mène au manoir éternel,

Avant que se rompe le cordon d'argent et que se brise l'ampoule d'or, que le seau se disloque sur la fontaine, que la poulie roule dans la citerne et que la poussière, faisant retour à la terre, redevienne ce qu'elle était d'abord, tandis que le souffle remontera vers Dieu qui l'a donné.

Vanité des vanités, disait le Cohélet ; tout est vanité.

Et, comme Cohélet possédait, outre cela, des trésors de sagesse, il continua d'enseigner le peuple ; il pesa, il scruta, il composa encore beaucoup de proverbes.

ÉPILOGUE

(Ajouté à une époque où le livre *Cohélet*
fermait le recueil des hagiographes.)

Les dires des sages
Sont des aiguillons,

Des clous qui soulagent
Les efforts volages
De l'attention.

Le concile antique
Nous les a transmis
Comme œuvre authentique,
Vraiment canonique,
D'un unique esprit.

Maintenant c'est assez ; lorsqu'on t'ap-
portera
D'autres livres, mon fils, ne les accep-
tent pas ;

Jamais ne finira la rage d'en écrire ;
Mais la chair se fatigue à vouloir tous les lire.

54

RÉSUMÉ

Tout bien entendu, craint Dieu et observe ses commandements ; car c'est là tout l'homme. Il n'y a pas d'acte sur lequel ne doive s'exercer le jugement de Dieu, qu'il s'agisse de choses connues ou cachées, de bien ou de mal.

ÉTUDE SUR L'ÂGE ET LE CARACTÈRE DU LIVRE

Dans ce volume, étrange et admirable, que la nation juive a donné à l'humanité et que tous les peuples ont appelé la *Bible*, la pensée religieuse est tellement dominante qu'on est d'abord surpris d'y trouver quelques pages profanes. *Le Cantique des cantiques* prouve, comme on aurait bien pu le supposer a priori, que le vieil Israël fut jeune à son jour. Un second livre plus singulier, *L'Ecclésiaste*, montre que ce peuple, livré en apparence tout entier à la passion de la justice, ce vengeur ardent de l'honneur de Jéhovah, fut sceptique à certaines heures. J'ai essayé de faire connaître *Le Cantique des cantiques* et de résoudre quelques-unes des difficultés qu'il présente. Je regarde comme indispensable au tableau que j'ai voulu faire de la conscience d'Israël, d'examiner de près *L'Ecclésiaste*. Le problème est en un sens plus facile. Car, si les obscurités de détail sont, dans *L'Ecclésiaste*, au moins aussi nombreuses que dans *Job* et *Le Cantique*, le caractère général et l'âge relatif du livre prêtent à moins de doutes. L'ouvrage compte certainement entre les plus modernes de la littérature hébraïque. Quant au caractère sceptique ou épicurien de la composition, on peut incidenter sur le sens précis de deux ou trois versets ; mais cela importe peu. Si l'auteur ne s'est pas tenu au scepticisme, il l'a traversé et en a donné la plus complète, la plus vive, la plus franche théorie. Or on ne se convertit guère du scepticisme ; on s'y endurcit justement par les efforts qu'on fait pour en sortir. Même celui qui réussit en apparence à y échapper en garde une empreinte ineffaçable, comme un fond de fièvre mal assoupie et toujours prête à se réveiller.

Le petit livre qui nous occupe porte en tête un mot bizarre de quatre lettres, QHLT, qui, pris en lui-même, n'a pas d'explication satisfaisante. C'est le nom même du personnage qui, dans tout le livre, tient la parole. Le livre, en effet, n'est pas autre chose qu'un discours, une sorte de confession, mêlée de conseils, que l'auteur place dans la bouche d'un certain QHLT, qu'il suppose avoir été fils de David et roi de Jérusalem[2]. On s'aperçoit bien vite que QHLT n'est qu'un mot de passe pour désigner Salomon. Il y a d'autres exemples de ces noms fictifs dans les livres sapientiaux[3] : QHLT, fils de David, a été un roi puissant, bâtisseur, jouisseur, livré aux femmes, au vin, à la sagesse, savant paraboliste, curieux de toutes les choses de la nature. Ce sont là exactement les traits sous lesquels l'histoire et la légende présentent Salomon. Nul doute que l'auteur, qui sûrement connaissait *Les Proverbes* attribués aussi à Salomon, n'ait voulu mettre en scène le successeur de David. Ce roi célèbre lui a paru un personnage commode pour l'objet

---

[2] Comparez *Prov*, I, 1.
[3] *Prov*, ch. XXX et XXXL

qu'il se proposait, c'est-à-dire pour montrer la vanité de toute chose. Salomon, ayant vu le sommet de la gloire et de la prospérité, a été mieux placé que personne pour découvrir le creux absolu de tous les mobiles de la vie humaine et la complète frivolité des opinions qui servent de base à la société.

L'auteur a-t-il voulu, comme tant d'autres, comme l'auteur alexandrin de *La Sagesse*, par exemple, attribuer un livre de plus à Salomon ? *L'Ecclésiaste* est-il un apocryphe, un des écrits de cette vaste littérature pseudépigraphe qui, de Judas Macchabée à Barkokeba, n'a cessé de se montrer féconde en productions variées ? Pas précisément. Quand un auteur juif des siècles qui avoisinent notre ère prenait, pour inculquer quelque forte pensée à ses contemporains, le manteau d'un ancien prophète ou d'un homme célèbre, tel que Moise, Hénoch, Baruch, Esdras, il prétendait bel et bien faire admettre sa prose comme l'œuvre de ces antiques personnages, et généralement on le croyait ; car aucune idée de critique littéraire n'existait alors. Telle n'est pas tout à fait l'intention de notre écrivain. L'auteur d'apocryphes est toujours un fanatique qui met son amour-propre de côté pour l'intérêt de sa cause. On voit clairement sa tendance et l'opinion pour laquelle il travaille. L'auteur de *L'Ecclésiaste*, au contraire, serait bien fâché qu'on le crût capable d'un prosélytisme quelconque. Quoiqu'il ne nous ait pas dit son nom, il est loin d'être détaché de toute prétention littéraire ; parfois même, il se coupe, et abandonne sa fiction d'une manière qui surprend. À la fin de l'ouvrage, après les derniers mots qu'il met dans la bouche de Salomon, il parle en son nom personnel et se distingue nettement de Salomon. Les versets qui suivent ne font pas partie de l'ouvrage, mais ils montrent bien que la composition, quand elle parut, ne trompa personne, qu'on la tint pour moderne, que le livre en un mot fut pris comme un de ces écrits hagiographiques qui venaient chaque jour s'ajouter à la *Thora* et aux anciens prophètes, au lieu de desserrer le vieux volume pour y insérer le nouvel écrit salomonien à la suite des *Proverbes*, on mit le tard-venu à la fin du recueil sacré où, selon toutes les apparences, il garda longtemps la dernière place. L'auteur n'est donc pas plus un faussaire que Platon ne l'est dans *Le Parménide* ou dans *Le Timée*. Voulant nous donner un morceau de philosophie éléate, Platon choisit Parménide ; voulant nous donner un morceau de philosophie pythagoricienne, il choisit Timée, et il leur met dans la bouche des discours conformes aux doctrines de leur école. Ainsi fait notre auteur. Salomon n'est pour lui qu'un prête-nom pour des idées qu'il trouve appropriées au type légendaire de l'ancien roi de Jérusalem.

Il y a plus : ce parti pris de mettre ses pensées pessimistes et sceptiques sous le couvert de Salomon, il y tient fort peu. Il se trahit à chaque instant. Le personnage qu'il fait parler s'explique d'abord, en effet, d'une manière qui convient bien au fils de David. Puis l'auteur laisse là une fiction qui l'eût entraîné à des redites fatigantes et ennuyeuses. À partir du chapitre IV à peu près, il oublie qu'il a mis en scène Salomon ; il cesse de prendre sa fable au sérieux. C'est bien lui qui parle pour son propre compte quand il nous raconte les malheurs qu'il a eus avec les femmes, les tristesses de sa vie solitaire, les peines qu'il s'est données pour faire fortune, les préoccupations qui l'obsèdent en ce qui touche ses héritiers. Infidèle à son propos, il s'exprime désormais comme ce qu'il est, c'est-à-dire comme un homme d'affaires juif, très préoccupé de ses placements et de ce que deviendra sa fortune après lui. Quelques développements sont absolument déplacés ou même dénués de sens dans la bouche d'un souverain. De telles libertés de composition sont fréquentes aussi dans *Le Livre de Job*. Ces grandes et belles œuvres antiques se mettent au-dessus de nos chétifs soucis classiques de vraisemblance. Les personnages sont médiocrement constants avec eux-mêmes. La préoccupation de la destinée humaine est si grande chez ces fortes âmes que les mesquines attentions d'unité et de composition littéraire sortent vite de leur esprit. Leur fiction n'est pour eux qu'un jeu, qu'un prétexte.

Au lieu de désigner Salomon par son nom, l'auteur, conformément à un certain goût du mystère qu'affectent les écrivains parabolistes, le désigne par les quatre lettres QHLT, qui sont restées jusqu'à présent inintelligibles. Les voyelles manquent, selon l'usage ; mais il est probable que l'auteur a voulu qu'on lise QoHeLeT. Dans un passage du texte[4], la quiescence a été introduite entre les deux premières lettres. Dès le IIIe siècle de notre ère, au moins, les Grecs prononçaient *Kôeléth* [5]. Les Massorètes ont donc suivi une tradition en ponctuant QoHeLeT, et le traducteur grec a lu évidemment de la même manière, quand il a traduit le mot par *Ekklèsiastè s*, « prédicateur ». QaHaL, en effet, est l'équivalent exact du grec *ékklèsia*.

---

[4] Ch. XII, 8. La traduction syriaque a partout *Qouhalto*
[5] Origène, dans Eusèbe, *Hist, eccl*, VI, 25.

On en a conclu que QoHeLeT voudrait dire un harangueur, *ékklèsiazôn* ; puis, par des raisonnements grammaticaux plus complaisants que solides, on croit pouvoir établir que QoHeLeT, avec sa forme féminine, aurait le même sens.

Kohélet serait ainsi une sorte de nom symbolique de Salomon, considéré en quelque sorte comme prédicateur et docteur des foules assemblées. Tout cela est bien peu naturel ; cela sent la méthode de cette vieille école exégétique qui, du texte le plus indéchiffrable, même le plus corrompu, s'obligeait à tirer un sens. Aucun livre n'a moins que le nôtre l'accent d'une prédication morale. La forme féminine est, quoi qu'on en dise, une forte objection. Toutes les explications qu'on a essayées du mot QoHeLeT vont se heurter contre de vraies impossibilités. On est donc excusable de chercher d'un autre côté des solutions plus conformes au véritable esprit philologique, au risque de ne pas arriver à se satisfaire entièrement.

Les Hébreux, depuis une époque fort reculée, eurent l'habitude de jouer sur les noms propres et d'appliquer de bizarres combinaisons, dont les principales sont l'*albam* et l'*atbasch*. Toutes deux consistent à diviser les vingt-deux lettres en deux registres, qu'on fait coïncider, ou en les juxtaposant, ou en les rabattant l'un sur l'autre comme au moyen d'une charnière. Dans le premier système, la première lettre {l'*aleph*) s'échange contre la douzième (le *lamed*), la deuxième lettre (le *bet*) s'échange contre la treizième (le *mem*). Dans le second système, la première lettre (l'*aleph*) s'échange contre la dernière (le *tav*), la seconde lettre (le *bei*) s'échange contre la pénultième (le *schin*), et ainsi de suite. On a déjà des exemples de ces jeux de lettres dans Jérémie, c'est-à-dire environ six cents ans avant Jésus-Christ. Ainsi, par le procédé de l'*atbasch*, le nom de *Babel* (BBL) devient SSK, le nom de *Casdim* (KSDIM) devient LBQMI (Jér., xxv, 26 ; Li, 1, 41)[6].

---

[6] C'est à tort que l'on a voulu considérer ces formes bizarres comme une altération du texte ancien. cf. Graf, *Der Prophet Jeremia*.

Poussant le jeu plus loin encore, on mettait des voyelles aux lettres ainsi groupées ; on lisait *Sésaq*, *Leb qamai*, et on cherchait un sens aux syllabes ainsi obtenues par le hasard, absolument comme si, en français, on formait avec les lettres si connues S. G. D. G. un mot *sagidog* ou *sugidag*, dont on donnerait l'explication par les règles ordinaires de l'étymologie.

Le nom de QHLT ayant juste quatre lettres comme SLMH, nom de Salomon en hébreu, l'idée que QHLT n'est qu'une transformation de SLMH par un procédé analogue à l'*albam* ou à l'*atbasch* vient d'elle-même à l'esprit. Malheureusement on n'obtient rien par cette voie ; les quatre lettres des deux séries n'offrent aucun parallélisme, et diverses remarques qui s'offrent d'elles-mêmes à l'observateur même superficiel découragent tout à fait de chercher de ce côté le mot de l'énigme.

Une autre source de mots artificiels en hébreu est l'habitude de former des mots avec les initiales d'autres mots. Ainsi, au

Moyen Âge, Maimonide (Rabbi Mosé Ben Maimon) s'appelle *Rambam* ; le célèbre rabbin de Troyes, Rabbi Schelomo Ishaki, s'appelle *Raschi*. Dans la Bible, on peut supposer que le mot inexplicable *séla*, qui est caractéristique du livre des Psaumes et que les traducteurs grecs rendent par *diopsalma*, vient d'un procédé analogue. Le mot de QHLT a-t-il été formé de la sorte ? Il est impossible de le dire. Ces sortes de sigles, en effet, sont indéchiffrables, quand on n'en possède pas l'explication. C'est un problème indéterminé, susceptible d'un nombre de solutions presque infini. Si, dans deux mille ans, des textes n'apprennent pas le sens de S. G. D. G., on ne devinera jamais que cela veut dire : « Sans garantie du gouvernement. » Le Liban offre de ceci un curieux exemple. Toutes les faces de rochers un peu planes de la région du haut Liban portent la formule AGIVCP, répétée des centaines de fois. Dans trois ou quatre endroits, j'ai trouvé la leçon complète AR-BORVM GENERA IV CETERA PRIVATA[7]

---

[7] Voir *Mission de Phénicie.*

d'où il résulte qu'il s'agit là de coupes d'arbres et des essences réservées à la flotte. Certainement, sans la découverte de la leçon complète, on n'eût jamais soupçonné une chose aussi particulière.

Nous inclinons donc à croire que les quatre lettres QHLT ne formèrent pas à l'origine un mot véritable. Mais, le mot une fois formé, l'auteur l'a considéré comme une désignation substantive, puisque, dans deux cas, le groupe QHLT est précédé de l'article. La poésie parabolique aimait ces énigmes. Les deux petits poèmes moraux intercalés dans le livre des Proverbes (ch. XXX et XXXI) commencent également par des noms propres qui sont restés jusqu'à présent des logogriphes indéchiffrés.

L'Ecclésiaste passait autrefois pour le livre le plus obscur de la Bible. C'est là une opinion de théologiens, tout à fait fausse en réalité. Le livre, dans son ensemble, est très clair ; seulement les théologiens avaient un intérêt majeur à le trouver obscur. Une foule de passages nous embarrassent, parce que le texte est corrompu et que la langue forme, dans l'ensemble de la littérature hébraïque, une sorte d'îlot à part. Mais ces difficultés atteignent seulement les accessoires et les digressions, dont souvent on ne voit pas le lien avec le sujet principal. Joignons-y des allusions à des événements politiques et à des sectes religieuses que nous ne connaissons pas. Quant à la philosophie générale de l'ouvrage, elle est très simple. L'auteur revient sur sa pensée avec une insistance qui peut sembler fastidieuse, mais qui ne laisse rien à désirer sous le rapport de la netteté.

« Tout est vanité. » Tel est le résumé, vingt fois répété, de l'ouvrage. Le livre se compose d'une suite de petits paragraphes, dont chacun contient une observation, une façon d'envisager la vie humaine, dont la conclusion est l'universelle frivolité. Cette conclusion, l'auteur la tire des expériences les plus diverses. Il s'y complaît ; il en fait le rythme et le refrain de sa pensée. Le monde présente à ses yeux une série de phénomènes, toujours les mêmes et roulant les uns après les autres dans une sorte de cercle. Nul progrès. Le passé a ressemblé au présent ; le présent ressemble à ce que sera l'avenir. Le présent est mauvais, le passé ne valait pas mieux, l'avenir ne sera pas préférable. Toute tentative pour améliorer les choses humaines est chimérique, l'homme étant incurablement borné dans ses facultés et sa destinée. L'abus est éternel ; le mal qu'on avait cru supprimé reparaît sur-le-champ, plus envenimé qu'avant sa suppression.

L'auteur nous assure avoir fait l'expérience de toutes les occupations de la vie, et prétend les avoir trouvées vaines. Le plaisir, le pouvoir, le luxe, les femmes, ne laissent que regrets après eux. La science ne sert qu'à fatiguer l'esprit ; l'homme ne sait rien et ne saura jamais rien. La femme est un être absurde, un mauvais génie. La conséquence serait de rester célibataire. L'auteur y a bien pensé, mais quoi !... Le célibataire est un niais, puisqu'il thésaurise pour des héritiers qu'il ne connaît pas, et qui ne tiendront pas de lui le moindre compte. L'auteur se rabat alors sur l'amitié ; là, du moins, il paraît avoir éprouvé quelque douceur. Mais comment trouver la paix dans un monde où la loi morale commande le bien et où tout semble fait exprès pour encourager le mal ?

Le crime est une folie sans doute ; mais la sagesse et la piété ne sont nullement récompensées. Tel scélérat est honoré comme devrait l'être l'homme vertueux. Tel homme vertueux est accablé d'infortunes comme devrait l'être le scélérat. La société est mal faite ; les hommes ne sont pas à leur place ; les rois sont égoïstes et méchants ; les juges, pervers ; les peuples, ingrats et oublieux. Quelle est donc la vraie sagesse pratique ? Jouir doucement de la fortune qu'on a acquise par son travail ; vivre heureux avec la femme qu'on a aimée jeune ; éviter les excès de toute sorte ; ne pas être trop sage ni s'imaginer qu'en s'exténuant d'efforts on triomphera de la destinée ; ne pas non plus s'abandonner à la folie, car elle est presque toujours punie ; ne pas être trop riche (la grande richesse ne donne que souci) ; ne pas être pauvre, car le pauvre est méprisé ; accepter les préjugés du monde tels qu'ils existent, sans les combattre et sans chercher à les réformer ; en tout, pratiquer une philosophie modérée et de juste milieu, sans zèle, sans mysticisme. Un galant homme, exempt de préjugés, bon et généreux au fond, mais découragé par la bassesse du temps et les tristes conditions de la vie humaine, voilà notre auteur. Il serait héros volontiers ; mais, vraiment, Dieu récompense si peu l'héroïsme, que l'on se demande si ce n'est pas aller contre ses intentions que de prendre les choses par ce biais.

Une telle doctrine, chez un Grec et chez nous, passerait pour l'impiété même, et serait intimement associée à la négation de la Divinité. Il n'en est rien chez notre auteur. Cette doctrine est celle d'un juif conséquent. L'auteur est loin d'être un des insensés qui disent : « Dieu n'est pas. » On peut le trouver sceptique, matérialiste, fataliste, pessimiste surtout ; ce que sûrement il n'est pas, c'est athée. Nier Dieu, pour lui, ce serait nier le monde, ce serait la folie même. S'il pèche, c'est parce qu'il fait Dieu trop grand et l'homme trop petit. Dieu a créé le monde pour montrer sa puissance ; il crée perpétuellement toute vie ; les fins qu'il s'est proposées dans la création de l'univers et de l'homme sont impénétrables. Mais comment ne pas s'incliner devant un être si puissant ? S'il donne la vie à l'homme, il la lui ôte aussi. Il punit quelquefois, et il est des mauvaises actions dont la simple prudence ordonne de s'abstenir. La punition d'ailleurs, en certains cas, est une sorte de loi naturelle. Les plaisirs de la jeunesse, par exemple, on les expie plus tard par des infirmités ; ce qui n'est pas cependant une raison pour se les interdire tout à fait. Dieu juge l'homme, mais d'après des principes peu saisissables. Dans la plupart des cas, il est impossible de discerner son action et de voir sa main. En somme, Dieu s'intéresse peu à l'homme, puisqu'il l'a mis dans la situation la plus fausse, en lui donnant les préoccupations de la sagesse avec une destinée finie, la même pour le fou et pour le sage, pour l'homme et pour l'animal, et cela dans une société où les choses sont au rebours de la justice et de la raison.

Il faut donc, avec tout le monde, aller au temple et pratiquer le culte établi ; mais ici, comme en toute chose, il faut éviter l'excès.

On importune Dieu par des vœux trop répétés ; on donne aux prêtres des droits sur soi ; craindre Dieu, voilà le culte véritable. Les dévots sont les plus insupportables des sots. L'impie est un fou ; il brave Dieu, il s'expose au danger le plus terrible ; mais le piétiste est un nigaud, qui assomme Dieu par ses prières et lui déplaît en croyant l'honorer[8].

---

[8] Le seul passage du livre qui ait en apparence un accent de piété (XII) prête à de grands doutes. M. Grætz soupçonne *Boréka* de signifier toute autre chose que « ton créateur ».

Il est clair que les impénétrables obscurités dont le gouvernement du monde est en-
touré aux yeux de notre auteur seraient
dissipées, si Cohélet avait la moindre notion d'une vie à venir. À cet égard, ses
idées sont celles de tous les juifs éclairés.
La mort termine la vie consciente pour l'indi-
vidu. La pâle et morne existence des *refaïm*
qui préoccupait les gens crédules, surtout
les superstitieux Chananéens, n'a aucune
signification morale. On ne sent pas dans le
schéol. La mort de l'homme et celle de l'animal sont une seule et même chose. La vie,
chez l'homme et chez l'animal, vient du
souffle de Dieu, qui soulève et pénètre la
matière par des voies mystérieuses. « Il n'y
a qu'un seul souffle en toute chose. » À la
mort, le souffle divin se sépare de la matière ; le corps revient à la terre, d'où il a été
pris, et l'esprit remonte à Dieu, d'où il était
émané. Pendant quelque temps, il reste
un souvenir qui continue l'existence de
l'homme parmi ses semblables ; puis ce souvenir disparaît, et alors c'est fini. Beaucoup

de juifs, pour échapper à ce qu'une aussi courte destinée a d'attristant, disaient que l'homme se survit dans ses enfants ; à défaut d'enfants, on consolait l'eunuque en lui promettant un cippe funèbre [9] qui perpétuerait sa mémoire dans sa tribu. Cohélet est peu sensible à ces consolations enfantines. L'homme une fois mort, sa mémoire disparaît, et c'est comme s'il n'avait jamais été.

Certes, nous étonnerions fort le charmant écrivain qui nous a laissé cette délicieuse fantaisie philosophique, si nous cherchions à construire avec son écrit un symbole de foi bien arrêté. « Il est encore un mal, nous dirait-il, que j'ai vu sous le soleil, et qui est peut-être le plus grand de tous, c'est la présomption de l'esprit, qui veut expliquer l'univers en quatre paroles, enfermer le bleu du ciel dans un lécythe, faire tenir l'infini dans un cadre de trois doigts. Malheur à qui ne se

---

[9] Un *iad* ou *massébet*, Isaïe, LVI, 3 et suiv. C'est l'idée du *massébet bahaïm*, « cippe parmi les vivants », des inscriptions phéniciennes. V. *Corpus inscr, semit.*, le part., n° 58, 59.

contredit pas au moins une fois par jour ! »
On ne fut jamais plus éloigné du pédantisme
que l'auteur de l'*Ecclésiaste*. La vue claire
d'une vérité ne l'empêche pas de voir, tout
de suite après, la vérité contraire, avec la
même clarté. Le relâchement absolu des
mobiles de la vie n'empêche pas chez lui un
goût vif des plaisirs de la vie.

Doué d'un profond sentiment de justice, il
se révolte contre ce que la destinée humaine a d'absurde aux yeux de la morale.
Mais qu'y faire ? Le monde a de bonnes
heures. Pourquoi ne pas les cueillir, tout en
sachant bien que l'on paiera plus tard la joie
qu'on a goûtée. Amuse-toi, jeune homme ;
mais ne t'y trompe pas ; il n'est pas un de
tes plaisirs que tu ne doives expier un jour
par autant de regrets. La vie la plus heu-
reuse a comme revers les années de la
vieillesse, où l'homme voit finir peu à peu
tous ses rapports avec le monde et se clore
tous ses moyens de jouir. Arrivé ainsi au
comble de la tristesse, l'auteur, par un des
tours de force les plus originaux qu'il y ait

dans aucune littérature, entame cette description de la vieillesse, pleine d'énigmes et d'allusions, qui ressemble aux éblouissantes passes d'un prestidigitateur jonglant avec des têtes de mort. Étonnant artiste, il maintient jusqu'au bout sa gageure, effleurant avec l'adresse de l'équilibriste les cimes des mots et des idées, faisant grincer de son archet les fibres qu'il a cruellement excitées, élargissant à plaisir les blessures qu'il s'est portées, irritant avec délices les lèvres de sa plaie.

Et, avec cela, nous l'aimons, car il a vraiment touché toutes nos douleurs. Il y a bien peu de choses qu'il n'ait vues. Certes il est heureux qu'à côté de lui il y ait eu *Zénon* et *Épictète*. Mais aucun Grec mieux que ce sadducéen ne comprit l'étrangeté de notre sort. L'auteur de l'*Ecclésiaste*, c'est l'auteur du *Livre de Job*, ayant vécu six ou sept cents ans de plus. La plainte éloquente et terrible de l'antique livre hébreu, les objurgations presque blasphématoires du vieux patriarche sont devenues le badinage tristement résigné d'un lettré mondain. Bien plus religieux au fond, l'auteur de *Job* est autrement hardi dans son langage. Cohelet n'a plus même la force de s'indigner contre Dieu. C'est si inutile ! Comme Job, il s'incline devant une puissance inconnue, dont les actes ne relèvent d'aucune raison appréciable. Mais il se console, et, si les femmes étaient un peu moins trompeuses, les juges un peu moins corrompus, les héritiers un peu moins ingrats, les gouvernants un peu plus sérieux, il se réconcilierait avec la vie et consentirait à trouver qu'il est fort doux, même au prix de la perspective d'une vieillesse maussade, de jouir tranquillement, avec une femme aimée, de la fortune qu'on a su amasser par son intelligence. L'auteur dit trop de mal des femmes pour ne les avoir pas beaucoup aimées. À la façon dont il en parle, on sent qu'il ne faudrait pas grand-chose pour qu'il recommençât à les aimer. Il n'est pas si dégoûté de la vie qu'il n'ait de bons conseils pratiques à donner, sur la manière de se bien tenir à la cour, sur les précautions à prendre avec les prêtres, sur le bon emploi de ses fonds et sur la manière de distribuer ses placements de manière à ne pas tout perdre à la fois.

Cette philosophie, singulièrement fatiguée, n'était pas neuve en Israël : c'était celle de tous les gens calmes et sensés, qui n'étaient ni prophètes, ni zélotes, ni sectateurs plus ou moins fanatiques d'un royaume de Dieu. Le peuple juif est à la fois le peuple le plus religieux et celui qui a eu la religion la plus simple. C'est le peuple de Dieu, et ce n'est pas tout à fait sans raison que l'antiquité l'appela le peuple athée[10]. *L'Ecclésiaste* ne nous montre aucun pouvoir dogmatique établi, aucun catéchisme religieux, pas de prêtres enseignants, nulle idée de prophètes. Craindre, c'est-à-dire respecter Dieu, voilà tout ; le reste n'est qu'erreur d'esprits étroits, méconnaissance des rapports de l'homme avec l'Éternel.

---

[10] *Judaea gens contumelia numinum insignis.* Pline, *Hist. nat.*, XIII, 4 (9).

C'est la gloire du peuple d'Israël d'avoir le premier aperçu la vanité de la superstition et des chimères religieuses. Dès une époque qu'on ne peut calculer, l'ancêtre des israélites a vu la folie de l'idolâtrie, des divinités locales et multiples, des grandes imaginations sur la vie d'outre-tombe. Quand un israélite parcourait l'Égypte, visitait les syringes de Thèbes, les *memnonia*, les hypogées du Sérapeum, ces maisons des morts si supérieures à celles des vivants, le sentiment qu'il éprouvait était celui de la pitié qu'inspire la vue de l'absurde. Dieu lui apparaissait alors grand, unique, se riant des hommes et de leurs folies. La première de ces folies était à ses yeux la prétention à l'immortalité. « Dieu seul dure [11] », telle a toujours été la base fondamentale de la théologie sémitique, monothéiste. L'homme est un être passager, et le pire acte d'orgueil de sa part serait de s'égaler à Dieu, en s'attribuant l'éternité. Le Pharaon qui se

____

[11] *Hou el-bâqi* des musulmans.

bâtit des pyramides en vue d'une existence indéfinie, loin d'être considéré par le sage israélite comme un homme religieux, lui faisait l'effet d'un impie. La croyance à l'immortalité, loin de lui sembler pieuse, lui paraissait une injure à Dieu et au bon sens. Le peuple, comme tous les êtres instinctifs de tous les temps, croyait aux *refaïm*, aux revenants ; il y avait des sorciers et des sorcières qui prétendaient évoquer les ombres et les faire parler. Si les sages d'Israël eussent laissé faire le peuple, celui-ci, avec le *schéol* et les *refaïm*, se fût créé un enfer et une mythologie comme tous les autres peuples. Mais les sages furent assez forts pour étouffer ces rêves en leur germe. « Dans le *schéol*, on ne sent rien, on ne sait rien, on ne voit rien. Les *refaïm* sont un néant ; ils ne louent pas Dieu. Une fois que le souffle de la vie est remonté à Dieu qui l'avait donné, le corps se décompose et revient à la terre[12] ».

---

[12] *Cantique d'Ézéchias*, dans Isaïe, ch. XXXVIII, 9 et suiv. ; Ps. VI, 6 ; CXIV, 17 ; Eccl., XII.

C'est ici le point de vue où il faut se placer pour bien apercevoir l'opposition profonde du système aryen et du système sémitique, ainsi que le secret de la divergence absolue de ces deux grandes races en fait de religion. Dans le système aryen, les *pitris*, les ancêtres, sont des dieux ; ils sont immortels ; ils existent par eux-mêmes à la face des autres dieux. Dans le système sémitique, une telle conception est l'impiété par excellence. Un seul être existe éternellement : c'est Dieu. L'homme est une créature essentiellement mortelle. Supposer que quelqu'un est éternel devant Dieu, c'est diminuer Dieu, c'est placer hors de lui des êtres indépendants de lui.

Jusque-là, le système est vrai et logique. Le point où le Sémite s'engage dans d'insolubles difficultés, c'est quand il affirme, non seulement que Dieu est grand, mais qu'en même temps il est juste, qu'il commande le bien et défend le mal, récompense le bien, punit le mal. Ici commençaient les objections sans issue. Le juste étant le favori de

Dieu, l'homme injuste étant l'objet de sa haine et de son dégoût, comment se fait-il que souvent le juste soit malheureux, persécuté ? Comment se fait-il que le méchant prospère et soit, après sa mort, conduit au tombeau avec toutes les marques de l'honorabilité ? Voilà le problème qui, depuis mille ans peut-être avant Jésus-Christ jusqu'en plein moyen âge, n'a jamais cessé de troubler Israël. Et certes il y avait de quoi. L'antinomie que les sages d'Israël cherchent à dissimuler le plus qu'ils peuvent est de celles qui crèvent les yeux. La nature est l'injustice même ; la société, reflet de la nature, est, malgré les très petites réparations exercées par le sentiment de droiture qui est en l'homme, un tissu d'erreurs et de violations de la justice. S'il n'y a pas une autre vie pour réparer les iniquités de celle-ci, soutenir que Dieu est juste et ami du bien est le plus puéril des paradoxes ou la plus niaise des contrevérités.

Voilà l'idée mère, on peut le dire, de tout le mouvement hébraïque, la cause inspiratrice de toutes les révolutions qui se sont produites dans le sein du peuple d'Israël. Les sages de la vieille école soutenaient avec une imperturbable naïveté que la vertu est toujours ici-bas récompensée et le vice punit. L'adversité qui frappe l'homme de bien n'est qu'une épreuve passagère. Telle est la théorie qui fait le fond du *Livre de Job*, des *Proverbes*, de beaucoup de psaumes, de la *Sagesse de Jésus fils de Sirach*, du *Livre d'Esther*, de *Judith*, de *Tobie*, etc. Les prophètes et certains psalmistes n'ont pas une sagesse tout à fait aussi calme. L'auteur du psaume LXXIII (Vulg. LXXII, verset 3) éprouve des mouvements de jalousie féroce « en voyant la paix des pécheurs ». Ces pieux zélotes sont pris d'accès de rage à la vue des choses humaines. La prospérité des méchants les irrite et les porte à des appels désespérés. Dieu sommeille ; mais Dieu aura son jour, ses grandes assises en quelque sorte, où il redressera le monde et mettra tout dans le droit chemin.

« Le jour de Jéhovah » devient ainsi le point de mire de la conscience froissée d'Israël. Le monde actuel est l'injustice même ; mais la justice existera un jour. Il y aura un règne de Dieu, qui sera le règne des saints, le règne de l'idéal juif sur un monde renouvelé. La crise extraordinaire du temps des Macchabées vint donner à cette conviction les formes messianiques et apocalyptiques. La résurrection était devenue nécessaire. Ces martyrs qui souffrent la mort la plus cruelle pour rester fidèles à la *Thora*, comment soutenir qu'ils ont leur rémunération ici-bas ? Une récompense spéciale est conçue pour les martyrs. Pendant mille ans, ils régneront avec le Messie dans une Jérusalem d'or et de pierreries, devenues le centre du monde. Les tristesses que devrait amener chez ces élus l'approche de l'an 999 ne viennent jamais à l'esprit des faiseurs d'apocalypses. L'idée d'une destinée infinie pour l'homme n'entre guère dans une tête juive. Mille ans, c'est bien long. Franchement, les martyrs,

au bout de ce temps, devront être « rassa-
siés de jours ».

Le christianisme fut la conséquence de
cette exaltation extrême, qui, depuis les
temps d'Antiochus Épiphane, bouillonnait en
quelque sorte dans la conscience d'Israël.
L'espérance chrétienne n'est d'abord que le
règne de mille ans. Un siècle après Jésus,
les chrétiens les plus orthodoxes déclarent
encore que leur conviction est que le règne
de la justice se réalisera « sur la terre [13]».
Mais le christianisme, né au sein d'Israël,
se développe hors d'Israël, de plus en plus,
les docteurs chrétiens placent le royaume
de Dieu dans l'idéal. Avec la philosophie
grecque, d'ailleurs, le dogme de l'immortalité de l'âme s'introduit dans l'Église et s'as-
socie tant bien que mal à celui de la
résurrection des corps. La solution du problème juif est trouvée. La réparation des in-
justices de ce monde se fait dans un autre.
L'explication des bizarreries apparentes du

---

[13] II Petri. III, 13.

gouvernement de la Providence est simple comme le jour. Dieu laisse en ce monde une part de mal pour exercer les justes ; mais ce monde n'est rien ; le chrétien n'existe qu'en vue du royaume à venir. Au lieu de la colère ardente que les iniquités du monde inspirent au vrai prophète juif, le chrétien n'éprouve qu'une résignation à peine méritoire. Il a pour lui l'éternité[14].

Cette solution, qui ne triompha qu'en rompant avec les principes les plus arrêtés du judaïsme, n'entraîna nullement la masse d'Israël. Les grands révoltés de l'an 70, les énergumènes du temps d'Adrien, l'auteur du *Livre de Judith*, celui du *Livre de Tobie*, sont fidèles à l'ancienne philosophie. Dans le *Talmud*, le problème reste en suspens. Beaucoup de docteurs talmudiques croient

---

[14] Il est remarquable que les premiers docteurs chrétiens qui essayent d'amalgamer le christianisme avec la philosophie grecque, saint Justin et Tatien, ne croient nullement à l'éternité de l'âme. Pour eux, l'âme est essentiellement mortelle. Dieu la rend immortelle par une faveur et une sorte de miracle. Il faut noter que Justin et Tatien étaient des Syriens. Voir *Marc-Aurèle*, p. 111.

au royaume de Dieu et à la résurrection comme des chrétiens ; la plupart ne sortent pas de l'ancien système. Ces martyrs du moyen âge que le fanatisme chrétien empile sur les bûchers ne croient pas tous à l'immortalité de l'âme. Tel saint de Mayence, en allant au supplice, invente à sa charge tous les crimes imaginables et s'en accuse pour justifier la Providence, pour maintenir ce principe fondamental que Dieu ne saurait finalement abandonner son serviteur. Jusqu'à nos jours, cette pénombre fait la force des grandes âmes israélites. Le juif n'est pas résigné comme le chrétien. Pour le chrétien, la pauvreté, l'humilité sont des vertus ; pour le juif, ce sont des malheurs, dont il faut se défendre. Les abus, les violences, qui trouvent le chrétien calme, révoltent le juif, et c'est ainsi que l'élément israélite est devenu, de notre temps, dans tous les pays qui le possèdent, un grand élément de réforme et de progrès. Le saint-simonisme et le mysticisme industriel et financier de nos jours sont sortis pour une moitié du judaïsme. Dans les mouvements révolutionnaires français, l'élément juif a un rôle capital. C'est ici-bas qu'il fait réaliser le plus de justice possible. La *tikva* juive, « la confiance », cette assurance que la destinée de l'homme ne saurait être frivole et qu'un brillant avenir de lumière attend l'humanité, n'est pas l'espérance ascétique d'un paradis contraire à la nature de l'homme ; c'est l'optimisme philosophique, fondé sur un acte de foi invincible dans la réalité du bien.

Cohélet a sa place définie dans cette histoire du long combat de la conscience juive contre l'iniquité du monde. Il représente une pause dans la lutte. Chez lui, pas une trace de messianisme ni de résurrection, ni de fanatisme religieux, ni de patriotisme, ni d'estime particulière pour sa race. Il n'y a rien après la mort. Le jour de Jéhovah ne vient jamais ; Dieu est au ciel ; il ne régnera jamais sur la terre. Cohélet voit l'inutilité des tentatives pour concilier la justice de Dieu avec le train du monde. Il en prend son parti. Une fois que l'homme a rempli ses devoirs élémentaires envers son créateur, il n'a plus qu'à vivre en paix, jouissant à son aise de la fortune qu'il a honnêtement acquise, attendant tranquillement la vieillesse, la décrivant en jolies phrases. Le tempérament fin et voluptueux de l'auteur montre qu'il avait pour se consoler de sa philosophie pessimiste plus d'une douceur intérieure. Comme tous les pessimistes de talent, il aime la vie ; l'idée du suicide, qui traverse un moment l'esprit de Job [15] à la vue des abus du monde, ne lui vient pas un moment à la pensée.

Voilà l'intérêt capital du livre *Cohélet*. Seul, absolument seul, il nous représente une situation intellectuelle et morale qui dut être celle d'un grand nombre de Juifs. L'incrédule écrit peu, et ses écrits ont beaucoup de chances de se perdre. La destinée du peuple juif ayant été toute religieuse, la partie profane de sa littérature a dû être sacrifiée. Le *Cantique* et le *Cohélet* sont comme

______

[15] *Job*, VII, 15.

une chanson d'amour et un petit écrit de Voltaire égarés parmi les in-folio d'une bibliothèque de théologie. C'est là ce qui fait leur prix. Oui, l'histoire d'Israël manquerait d'une de ses principales lumières si nous n'avions quelques feuillets pour nous exprimer l'état d'âme d'un israélite résigné au sort moyen de l'humanité, s'interdisant l'exaltation et l'espérance, traitant de fous les prophètes, s'il y en avait de son temps, d'un israélite sans utopie sociale ni rêve d'avenir. Voilà une haute rareté. Les dix ou douze pages de ce petit livre sont, dans le volume sombre et toujours tendu qui a fait le nerf moral de l'humanité, les seules pages de sang-froid. L'auteur est un homme du monde, non un homme pieux ou un docteur. On dirait qu'il ne connaît pas la Thora ; s'il a lu les prophètes, ces furieux tribuns de la justice, il s'est bien peu assimilé leur esprit, leur fougueuse ardeur contre le mal, leur inquiète jalousie de l'honneur de Dieu. Une pensée résume l'histoire des prophètes hébreux pendant mille ans : « Le jour viendra où la justice et le bonheur habiteront sur la terre. » Cohélet n'est pas du tout un membre de cette famille d'exaltés. Dans la grande chaîne d'Isaïe à Jésus, il n'y a pas de place pour lui. La terre lui paraît vouée aux abus, et il met une sorte d'obstination à soutenir que le monde ne sera jamais meilleur qu'il n'est.

Au fond, la position de notre sage fut-elle de son temps aussi isolée qu'au premier abord elle paraît l'être dans l'histoire de la littérature ? Il faudrait se garder de le croire. Quoique représentée par moins d'écrits que l'école prophétique et messianique, l'école de sages fondée sur la négation de l'autre vie et la poursuite exclusive d'une philosophie pratique menant à la fortune et aux succès, cette école, dis-je, avait toujours été nombreuse en Israël. Le *Livre des Proverbes*, antérieur à la captivité, est au fond aussi profane que le *Cohélet*. Tout s'y réduit à une prudence mondaine, tirée de l'expérience temporelle de la vie ; la religion n'y a de place que comme une part de l'esprit de conduite et de la tenue d'un galant homme. *La Sagesse de Jésus fils de Sirach*, qui fut composée en hébreu vers l'an 180 avant Jésus-Christ, quelques années, par conséquent, avant la crise des Macchabées, ne sort en rien du cadre de l'ancienne philosophie. Comme Cohélet, le fils de Sirach place la vertu dans un certain juste milieu et dans la sagesse qui fait réussir. Mais le fils de Sirach est bien plus pieux que l'auteur du *Cohélet* [16]. C'est un mosaïste fervent. Les peines qu'il se donne pour excuser Dieu des étrangetés qui se passent sous son gouvernement ont quelque chose de touchant. S'il n'a aucune idée de vie future ni de messianisme, il croit du moins à l'éternité d'Israël ; il respecte les saints, et, quoique ses idées sur les longues prières, sur la croyance aux songes, sur

---

[16] Chap. XXXVIII.

l'observation de la loi préférable aux sacrifices, se rapprochent de celles de Cohélet, le fils de Sirach est d'une tout autre école que notre sceptique auteur. Il est patriote. Or cette religion fondamentale de l'israélite, qui meurt chez lui la dernière et survit à toutes ses désillusions, est à peine sensible chez Cohélet. Il n'est pas fier d'être juif ; on sent que, s'il doit se trouver un jour en rapport avec les Grecs et les Romains, il fera tous ses efforts pour dissimuler sa race et faire bonne figure, aux dépens de la Loi, dans le *high life* de son temps.

À quelle date précise rapporter notre singulier petit livre ? Cette question est pour la critique l'objet de sérieux embarras. Autant il est facile de classer idéalement le Cohélet, je veux dire de lui assigner sa place dans l'histoire morale d'Israël, autant il est difficile de fixer absolument le siècle où il a été composé. L'histoire littéraire du peuple juif offre des lacunes énormes, et les considérations a priori sont, en pareille matière, singulièrement dangereuse. Telle pensée qui paraît d'ordre moderne fit peut-être son apparition, dans quelque coin perdu du développement d'Israël, à une époque ancienne. Telle pensée qui paraît primitive est souvent, chez ce peuple étrange, contemporaine de l'Empire romain.

On peut dire que la littérature hébraïque se compose de deux floraisons, séparées par un désert aride de trois cents ans. L'ancienne littéraire hébraïque, comprenant la plus grande partie de la Bible, était close vers l'an 500 avant J. — C. L'état littéraire de la période qui suit, et qui correspond à la domination perse, nous est tout à fait inconnu. Il en faut dire autant de l'époque d'Alexandre et du IIIe siècle avant J.-C. La lumière reparaît au IIe siècle avant J.-C. vers l'an 170, a lieu cette éruption extraordinaire de l'enthousiasme juif qui produit les *Livres de Daniel, d'Hénoch*, et beaucoup d'autres écrits dont l'original hébreu s'est malheureusement perdu. Cette veine littéraire se continue par *L'Assomption de Moïse*, *L'Apocalypse d'Esdras*, *L'Apocalypse de Baruch*, les *Livres de Judith, de Tobie*, contemporain de l'apparition de la nouvelle Bible chrétienne, et qui également ne nous ont été conservés que par des traductions grecques, latines ou orientales.

Il est impossible de placer Cohélet dans le groupe des grands écrits classiques d'Israël, qui finit, vers l'avènement de la dynastie achéménide. Par les écrits des derniers prophètes Haggée, Zacharie, Malachie. Ce n'est ni dans la troupe toujours haletante des prophètes de Jérusalem, ni dans ce VIe siècle (le siècle qui suivit la ruine du royaume de Juda) si plein pour Israël de douleurs, de désespoir, d'exaltation religieuse et d'espérance, qu'on peut caser notre sceptique. Qu'on songe aux brillants rêves d'avenir du second Isaïe, de certains psalmistes. Il y a des heures où l'âme la plus blasée devient patriote. Le VIe siècle fut pour le peuple juif une de ces heures. Il est vrai qu'en remontant plus haut, nous trouverions l'école parabolique, en particulier celle qui paraît s'être groupée autour d'Ézéchias, avec laquelle notre auteur a plus d'une affinité. Mais la langue du *Cohélet* porte si évidemment les caractères d'un âge relativement moderne, qu'il faut s'interdire des hypothèses qui placeraient le livre à côté des monuments classiques du génie d'Israël. Le *Cohélet* est sûrement postérieur à l'avènement des Achéménides, c'est-à-dire à l'an 500 avant J.-C.

Des raisonnements du même ordre porteraient à croire qu'il est antérieur à la crise suscitée par Antiochus Épiphane, vers l'an, 170 avant J.-C. Nous avons peine à concevoir notre auteur vivant au milieu des fougueux messianistes du temps des Macchabées. À partir de cette date jusqu'à la guerre d'Adrien, Israël a la fièvre ; il enfante dans la douleur ; il souffre pour l'humanité. Notre auteur, au contraire, est le plus calme des hommes ; ni le patriotisme, ni le messianisme ne le troublent ; il ne gémit que sur lui — même ; ses tristesses et ses consolations sont pour lui seul. On dirait que le judaïsme n'a pas encore été persécuté.

La conséquence à tirer de là, c'est que le *Cohélet* aurait été composé sous les Achéménides, ou du temps d'Alexandre, ou du temps de la domination des Ptolémées en Palestine. Mais, nous le répétons, de telles inductions sont bien souvent trompeuses. Une nation ne marche jamais tellement tout d'une pièce qu'il ne se produise en elle des courants latéraux. Dans cet âge d'exaltation qui s'étend de Judas Macchabée à Barkokeba, il y eut des épicuriens fort paisibles, très amortis en leur zèle pour les grands intérêts d'Israël et de l'humanité. Des groupes isolés conservaient leur liberté d'esprit. Le fanatisme des Asmonéens tomba vite. Ces sadducéens qui ne croient ni aux anges, ni aux esprits, ni à la résurrection, ces *boëthusim*, dont le nom était synonyme d'épicuriens, toute cette riche aristocratie de prêtres de Jérusalem, qui vivait du temple, et dont la froideur religieuse irritait si fort Jésus et les fondateurs du christianisme [17], étaient bien les frères intellectuels de notre auteur. M. Graetz a développé, avec toutes les ressources du savoir le plus profond et de l'esprit le plus ingénieux, la thèse que le *Cohélet* a été écrit peu d'années avant la naissance de Jésus, sous le règne d'Hérode, et que le Salomon mythique dont il y est question, c'est Hérode lui-même, Hérode arrivé à renouveler, à force de travail et d'intrigue, la grandeur légendaire du fils de David, et ne recueillant, sur la fin de sa vie, que les malédictions du peuple, les tristesses domestiques et l'ennui. Le livre serait ainsi une sorte de satire, un livre d'opposition, rempli d'allusions et de malices. À peine est-il un verset du *Cohélet* où M. Graetz ne voie quelque circonstance des récits de Josèphe. Par moments très séduisants, le système de M. Graetz est insoutenable dans son ensemble. Ce que le savant israélite a

____

[17] Voir *Vie de Jésus*, ch. XIII.

bien prouvé, c'est qu'on ne peut descendre trop bas quand il s'agit de fixer la date du *Cohélet*. Quelques observations des plus fines, déjà faites du reste avant M. Graetz par M. Nahman Krochmal, sur les derniers versets, montrent que rien ne s'oppose à ce que la composition du livre ne remonte pas au-delà des temps hérodiens ou asmonéens. La langue est ici évidemment le critérium le plus important. Il est en général assez facile de distinguer un ouvrage hébreu de la grande époque, c'est-à — dire antérieur à l'an 500, d'un ouvrage hébreu postérieur, tel qu'*Esther*, *Esdras*, *Néhémie*, *Les Chroniques*, *Daniel*. Le vieux style hébreu a un caractère à part, ferme, nerveux, serré comme un câble, tordu, énigmatique. L'hébreu moderne, au contraire, est lâche, sans timbre, flasque, tout à fait analogue à l'araméen. Les aramaïsmes y abondent ; les écrits conçus en ce dialecte peuvent être traduits mot à mot en araméen, sans rien y perdre. Il n'en est pas de même du

Cohélet. Oui, certes, la langue du livre est moderne ; mais elle est peu teintée d'aramaïsme ; le livre est presque impossible à bien traduire en syriaque. Ce à quoi cet hébreu ressemble, c'est à la *Mischna*, et surtout au traité *Eduioth*, aux *Pirké aboth*, à la *Megillath Taanith*. Or la *Mischna* représente l'hébreu du IIe siècle après J.-C., hébreu très différent de la langue fortement aramaïsée qui était devenue à la mode chez les Juifs vers l'époque achéménide. Par la langue, le *Cohélet* parait le plus récent des livres bibliques, le plus voisin du *Talmud*.

Les considérations paléographiques, si l'on peut s'exprimer ainsi, conduisent à la même conclusion. Un résultat incontestable de l'étude critique dont le livre a été l'objet dans les derniers temps, c'est qu'il fourmille de fautes de copiste. Or toutes ces fautes ont été commises dans l'alphabet hébreu moderne, qu'on appelle l'alphabet carré. Cet alphabet, qui est l'alphabet araméen lui-même, ou du moins qui est sorti de l'ancien alphabet par des modifica-tions identiques à celles qui ont produit l'araméen [18], était l'alphabet en usage vers l'époque asmonéenne. Tout prouve que le *Cohélet* fut écrit et copié d'abord dans un alphabet très usé, très fatigué, avec des li-gatures, où plusieurs lettres se ressem-blaient, et qui présentait comme une série de traits verticaux se tenant entre eux et très faciles à confondre. On sent que le livre n'eut d'abord rien de sacré, rien d'officiel. Ce fut une écriture privée, longtemps gardée comme telle, copiée avec toutes les fautes qu'entraîne l'usage d'un caractère cursif.

La traduction grecque du *Cohélet* pré-sente des caractères à part, qui invitent également à croire que le livre entra tard dans le Canon et y fut rattaché comme une sorte d'appendice. Si cette traduction n'est point d'Aquila, elle est au moins de son

----

[18] Se le représenter par l'inscription des Beni-Hezir, près de Jérusalem, à peu près contemporaine de Jé-sus-Christ.

école et de sa manière. Aquila traduisit au temps d'Adrien (vers 130 après Jésus-Christ), et sous l'influence des idées de Rabbi Aquiba. Le principe fondamental de Rabbi Aquiba était que tout mot, dans le texte de la Bible, a une valeur par lui-même et ajoute une nuance au sens. Aquila en concluait que chaque mot hébreu doit être traduit par un mot grec. De tous les mots hébreux le plus vides de sens est sûrement la particule *et*, qui sert à marquer le régime direct du verbe. Un traducteur grec raisonnable a rempli son devoir quand il a mis à l'accusatif le mot précédé de cette particule. Aquila ne l'entendait pas ainsi. Il rendait systématiquement *et* par *sun*, quoique cela ne fît en grec aucun sens. Traduisant, par exemple, le premier verset de la *Genèse*, il mettait « que Dieu créa *sun ton ouranon kai sun tèn gèn* »[19], or cette particularité bizarre s'observe toujours dans la traduction grecque du *Cohélet* qui fait partie de la Bible

---

[19] Saint Jérôme, *Ad Pammachium*, de optimo genere interpretandi, *Opp., IV, 2e partie, p. 255 (Martianay)*.

grecque orthodoxe. Cette traduction se distingue, d'ailleurs, par une littéralité extrême. Elle a donc été faite sous l'influence des idées de Rabbi Aquiba. Est-elle d'Aquila lui-même ? Cela est très douteux ; car une version grecque différente de celle-là figurait dans les *Héxaples* d'Origène sous le nom d'Aquila. Mais Aquila fit souvent plusieurs versions d'un même livre. Les deux versions, au moins, sont sûrement contemporaines ; car cette bizarre manie de rendre *et* par *sun* dura très peu de temps. On la trouvait aussi dans la traduction grecque, maintenant perdue, de *L'Apocalypse d'Esdras*, ouvrage de la fin du Ier siècle de notre ère[20].

Il semble donc que le *Cohélet* ne fut traduit en grec que vers l'an 130 après Jésus-Christ. Cela coïncide avec ce fait qu'on n'en trouve aucune citation chez les écrivains chrétiens du Ier et du IIe siècle. Pourquoi le *Cohélet* a-t-il été traduit si tardivement, quand

---

[20] Ch. VI, 59, *cum seculo*, qui est sûrement la traduction de *sun ton aiôna*. Voir *L'Église chrétienne*.

tous les autres écrits hébreux ont passé en grec au IIIe et au IIe siècle avant Jésus-Christ ? Probablement parce qu'il ne faisait pas partie de la Bible à cette époque ; peut-être même parce qu'il n'était pas encore composé.

Les derniers versets, enfin, présentent quelques particularités qui conduisent à considérer le livre comme le plus moderne des écrits de la Bible hébraïque, M. Nahman Krochmal remarqua le premier que les deux versets qui suivent n'ont aucun rapport avec l'ouvrage et ont dû servir de clausule finale au recueil biblique, quand le *Cohélet* formait les dernières pages du volume. Ce n'est point par hasard que ce petit quatrain se trouve fixé à la fin de notre livre, et non à la fin des *Chroniques*, ou d'*Esther* ou de *Daniel*, qui, eux aussi, ont longtemps traîné aux derniers feuillets du volume sacré. L'addition de notre livre au Canon paraît donc un fait récent et dont les traces se laissent encore apercevoir.

Le livre ne renferme pas un grand nombre de traits qui puissent servir à tracer le tableau du temps où vivait l'auteur. On voit bien, à son état d'âme, que les vieilles mœurs étaient perdues. La famille est détruite ; la femme, à la suite des scandales de l'époque séleucide et à la veille des effroyables crimes domestiques de l'âge hérodien, est devenue un fléau. Ce qui soutenait l'ancien sage, quand sa philosophie était trop ébranlée, c'était l'espérance de se survivre en ses enfants. La postérité le consolait de la fragilité de la vie individuelle. Notre auteur voit dans cette façon de raisonner une amère duperie. Que sait-on de ses enfants ? Ce seront peut-être des sots, qui vous couvriront de honte et démoliront ce que vous avez cherché à édifier. Le vrai commentaire du *Cohélet*, ce sont les livres XII et XIII des *Antiquités* de Josèphe, ce tissu de crimes et de bassesses qui, surtout, depuis l'an 200 (av. J.-C.) à peu près, compose l'histoire de la Palestine. Les *hasidim* échappaient à la réalité par leurs rêves messianiques ; notre auteur y échappe par son fatalisme résigné et par son goût de la vie raffinée.

Le temple de Jérusalem existait quand le livre fut écrit, et le culte y florissait. Le sacerdoce était organisé avec un certain pouvoir temporel. Il y avait des piétistes zélés, qui exagéraient les prescriptions et faussaient la religion par un zèle et une austérité outrés. Jérusalem était le siège d'une royauté et d'une cour, où les gens un peu notables de la ville aspiraient à briller. Les dynasties et les villes indépendantes pullulaient en Syrie ; elles se faisaient des guerres sans fin. Une petite ville pouvait avoir un siège à soutenir. Il semble qu'aucun grand pouvoir comme celui des Achéménides, ou d'Alexandre, ou des Ptolémées, ou des Séleucides ne se faisait sentir [21].

---

[21] Le mot *medina* pour désigner une province, et le fait d'esclaves gouverneurs et hauts fonctionnaires, seraient plutôt caractéristiques de l'époque perse ; mais l'état administratif de l'Orient n'a jamais beaucoup varié.

Le moment où un pareil état social de la Judée et de l'Orient nous reporte est vers l'an 125 avant Jésus-Christ. Le pouvoir des Séleucides s'était effondré et avait laissé la place à des petites dynasties locales, à des villes autonomes[22]. La royauté d'Israël s'était relevée par les Asmonéens. Bien que sortie d'un fanatisme brûlant, cette dynastie, surtout après sa rupture avec les pharisiens sous Jean Hyrcan, devint bientôt assez profane. Alexandre Jannée et Jean Hyrcan sont des rois comme d'autres, religieux par habitude et par politique, cruels, avides, méchants, au fond très peu dévots. C'est le temps des *hasidim* et le commencement des sectes comme les esséniens, qui, justement par réaction contre la perversion du monde, introduisent dans l'israélitisme un esprit de mysticité inconnu jusque-là. Ces gens qualifiés de « sots », qui se livraient aux pratiques d'un ascétisme exalté, à des abstinences inutiles, qui se préoccu-

---

[22] Qu'on se rappelle toutes ces ères de villes autonomes qui datent, en Syrie, de l'an 125 à peu près.

paient vainement de l'avenir et de ce qui arrive après la mort, qui trouvaient mauvais que l'homme jouît tranquillement de l'aisance qu'il avait acquise par un travail honnête, étaient probablement les premiers en date de ces fous du royaume de Dieu dont la folie allait gagner le monde et que notre auteur ou ses pareils devaient accueillir de tous leurs dédains.

S'il fallait s'arrêter à une date un peu précise, c'est vers ce temps, une centaine d'années avant la naissance de Jésus, que je placerais la composition du *Cohélet*. L'auteur fut peut-être quelque arrière-grand-père d'Anne ou de Caïphe, de ces prêtres aristocrates qui condamnèrent Jésus d'un cœur si léger. Il fut l'idéal de ce qu'on appelait un sadducéen, je veux dire de ces gens riches, sans fanatisme, sans croyance d'aucunes sorte en l'avenir, attaché au culte du temple qui faisait leur fortune, furieux contre les fanatiques et toujours enchanté quand on les mettait à mort. On a souvent cherché à prouver que la philosophie de l'auteur porte la trace d'une influence de la philosophie grecque. Rien n'est moins certain. Tout absolument s'explique dans le livre par le développement logique de la pensée juive. L'auteur est très probablement postérieur à Épicure ; il semble bien cependant qu'il n'avait pas reçu d'éducation hellénique. Son style est sémitique au premier chef. Dans toute sa langue, pas un mot grec, pas un hellénisme caractérisé [23]. D'un autre côté, il est loin de pousser aussi loin qu'Épicure la radicale négation de la Providence et le principe de l'insouciance des dieux à l'égard des choses humaines. Sa physique est assez saine ; mais elle résulte bien plutôt, comme celle de Thalès et d'Héraclite, d'observations générales très justes, que d'un travail vraiment scientifique à la façon d'Archimède ou de l'école d'Alexandrie.

Sa morale de juste milieu a sûrement des analogues en Grèce, à Cyrène surtout. Il cô-

____

[23] Aucun des exemples allégués par M. Grætz ne me paraît décisif.

toie sans cesse Théodore de Cyrène [24], sans s'arrêter à ses assertions franchement irréligieuses. Aristippe de Cyrène reconnaîtrait à beaucoup d'égards son confrère dans ce juif dégagé, qu'aucun préjugé n'aveugle et qui arrive à placer le but suprême de la vie dans le plaisir tranquille. Cyrène fut, avec Alexandrie, la ville où il y eut le plus de Juifs. Mais les mêmes causes produisent, dans les familles humaines les plus diverses, des effets semblables. Le galant homme se ressemble en Europe, en Chine, au Japon. La Grèce, à vrai dire, n'eût point écrit une œuvre aussi découragée. La foi en la science soutient la Grèce, Le *Cohélet* est l'œuvre d'une absolue décrépitude. Jamais on ne fut plus vieux, plus profondément épuisé. Et dire que ce livre de scepticisme, à la fois élégant et morne, fut écrit peu de temps avant l'*Évangile* et le *Talmud*!... Peuple étrange, en vérité, et fait pour présenter tous les contrastes ! Il a donné Dieu

____

24 Diogène Laërte, II, 86 ; VI, 97.

au monde, et il y croit à peine. Il a créé la religion, et c'est le moins religieux des peuples ; il a fondé l'espérance de l'humanité en un royaume du ciel, et tous ses sages nous répètent qu'il ne faut s'occuper que de la terre. Les races les plus éclairées prennent au sérieux ce qu'il a prêché, et lui, il en sourit. Sa vieille littérature a excité le fanatisme de toutes les nations, et il en voit mieux que personne les côtés faibles. Aujourd'hui, comme il y a deux mille ans, il clorait volontiers le rouleau sacré par cette petite réflexion de lecteur ami de ses aises : « Assez de livres inspirés comme cela ! Trop lire fatigue la chair. »

Le livre *Cohélet* ne commence à faire parler de lui que vers la fin du Ie siècle de notre ère. Après la destruction de Jérusalem par Titus, le centre de l'autorité juive se transporte à Iabné ou Iamnia, à quatre lieues et demie environ au sud de Jaffa [25]. Là, le ju-

---

daïsme s'organise et se resserre ; là, en particulier, vers l'an 80 de notre ère, se pose la
question des livres anciens qu'il faut conserver et qui doivent faire partie du Canon. *Job,
Ézéchiel, Le Cantique des cantiques* et *Les
Proverbes* prêtaient à plus d'une objection,
à cause de quelques images étranges, de
certaines hardiesses et d'un ou deux ta-
bleaux libres. On les conserva néanmoins.
La question du *Cohélet* fut également agi-
tée. Le ton libertin qui y règne avait de quoi
troubler une époque aussi pieuse. La discus-
sion fut vive ; le livre l'emporta cependant.
Quelques versets d'apparence religieuse
sauvèrent le reste. Le temps, d'ailleurs, était
aux interprétations bizarres. On ne cherchait plus dans un livre son sens naturel. On
y cherchait mille sens auxquels l'auteur
n'avait jamais pensé. On eût trouvé des
mystères sublimes dans des amas de lettres
jetées au hasard. Un texte ancien était devenu un grimoire qui servait à des jeux de
mots. Que le texte signifiât ceci ou cela,
c'était chose forte indifférente. On n'avait

plus d'yeux pour voir ni pour lire. En général, du reste, on lit mal, quand on lit à genoux.

Avec de tels procédés, il n'est pas surprenant qu'on ait pu faire d'un dialogue d'amour un livre d'édification, d'un livre sceptique un livre de philosophie sacrée. Les docteurs de Iabné ne comprirent rien ni à l'un ni à l'autre, et ce fut fort heureux ; car, s'ils eussent compris, certainement ils eussent détruit les livres qui les scandalisaient. L'erreur accréditée sur l'auteur des deux livres fut aussi, à quelques égards, salutaire. On les croyait de Salomon, et une origine si respectable empêchait de voir les objections. *La Sagesse de Jésus, fils de Sirach*, qui n'offrait pas de difficultés à beaucoup près aussi sérieuses à l'orthodoxie, fut arrêtée sur le seuil de la canonicité, parce qu'elle avouait trop naïvement son origine moderne. L'auteur porta la peine de sa sincérité. Selon l'esprit du temps, un livre n'avait d'autorité que s'il portait le nom d'un patriarche, d'un prophète, d'un vieux scribe vénéré.

Vers l'an 100 de notre ère, le *Cohélet* fait donc partie de la Bible juive. Vers l'an 135, Aquila le traduit en grec, et les chrétiens commencent à le lire. Les conséquences de cette lecture se laissent d'abord bien peu sentir. Les chrétiens, avec leur assurance, allant jusqu'au martyre, du prochain avènement de la justice divine, ne pouvaient beaucoup goûter les sentences découragées de notre jouisseur blasé. Ni saint Justin, ni saint Irénée, ni Tertullien, ni Clément d'Alexandrie ne citent *L'Ecclésiaste* [26]. L'Église, cependant, pour les jugements sur la canonicité des livres, dépendait encore de la synagogue. Tout livre hébreu, dès qu'il était traduit en grec, devenait un livre sacré. Ainsi la traduction d'Aquila s'introduisit dans l'Église. Origène

---

[26] Les traces qu'on en a cru voir dans le *Testament des douze patriarches* (Nepht., 2, 8) et dans saint Justin (*Apol.* I, c. 57 ; *Dial.*, c. 6) sont plus que douteuses. La phrase banale, *Eccl.*, XII, 13, se retrouve dans le *Pasteur* d'Hermas, mand. VII, *init.* ; mais il n'est nullement probable que ce soit là un emprunt fait au livre pseudo-salomonien.

(vers 230) met le *Cohélet*, sans réserve ni distinction, parmi les livres sacrés. Vers 250, Denys d'Alexandrie le commente [27]. Plus tard, Jean Chrysostôme en tire d'éloquentes paroles, au lendemain de la disgrâce d'Eutrope, et, au moment de la chute de Rome, saint Jérôme le lit à sainte Blésille pour la consoler en lui montrant combien ici-bas tout est vanité [28].

L'exégèse grossière et puérile du moyen âge ne se soucia d'aucune des difficultés que le livre devait présenter à quiconque eut réfléchi. Grotius le premier avoua le scandale que lui causaient certains passages. Il aperçut très bien aussi que la langue était postérieure à la captivité. Van der Palm, Umbreit, Knobel, Herzfeld, Luzzalto, Jahn, Augusti, de Wette, virent le scepticisme de l'auteur, mais ne se l'expliquèrent pas. Une idée très fausse, celle

---

[27] Pitra, *Spicil, Solesm.*, I.
[28] Ut eam ad contemptum istius seculi provocarem et omne quod in mundo cerneret putaret esse pro nihilo. *Prœf, in Eccl, ad Paulam et Eust,* Opp, t. II. Martianay.

d'un dialogue où tour à tour un piétiste et un sadducéen exposaient des idées contraires, fit un moment fortune. M. Hilzig et M. Ewald ouvrirent la voie des explications historiques, mais méconnurent le caractère de libre pensée qui domine le livre, et le faussèrent tout à fait en prétendant y trouver un transcendantalisme prétentieux. *Cohélet* fut pour eux une sorte de théologien à la façon de Zurich ou de Gœttingue, procédant par pédantes circonvolutions. M. Ewald et M. Hilzig, cependant, firent faire un véritable progrès à l'exégèse du livre, en montrant qu'il fallait pour l'expliquer descendre jusqu'à l'époque macédonienne. M. Zirkel reconnut aussi que le livre était encore plus moderne que les premiers critiques protestants, réputés hardis, ne l'avaient supposé.

Le *Cohélet* est un ouvrage si profondément juif qu'il était réservé à des critiques juifs d'en saisir définitivement le caractère et le sens véritable. Moïse Mendelssohn, Samuel David Luzzatio, le comprirent beaucoup mieux que ne l'avaient fait les théologiens protestants. Enfin il a été donné à M. Grætz d'accomplir, dans l'exégèse du livre qui nous occupe, le pas le plus considérable[29]. Une foule d'exégètes avaient signalé le caractère moderne de la langue du *Cohélet* ; M. Graîtz a fort bien remarqué que ce n'est pas assez dire et que, pour trouver les vrais analogues de ce style, c'est presque jusqu'à la *Mischna* qu'il faut descendre. Certes M. Grætz a été beaucoup trop loin en prétendant préciser une foule de traits de la pensée de l'auteur dont la véritable nuance nous échappera toujours. Pour faire du livre un pamphlet politique contre le gouvernement d'Hérode, devenu vieux et impopulaire, il faut forcer une foule de détails et voir dans le livre autre chose que ce qui s'y trouve. Ce qui est bien plus choquant dans l'ouvrage de M. Graetz, c'est l'explication des deux derniers chapitres. Si cette explication était admise, le Cohélet serait un mauvais livre, un livre de mauvais conseils. Or, voilà ce qu'il n'est nullement.

---

[29] *Kohélet, oder der salomonische Prediger*, Leipzig et Heidelberg, 1871.

C'est un livre de scepticisme élégant ; on peut le trouver hardi, libre même ; jamais il n'est immoral ni obscène. L'auteur est un galant homme, non un professeur de libertinage, et c'est ce qu'il serait vraiment si la fin du livre renfermait les étranges sous-entendus admis par M. Grætz.

Le texte du *Cohélet* est, avec le texte du *Livre des Psaumes*, la partie de la Bible où il y a le plus de fautes de copistes. Toutes les fautes, comme je l'ai déjà dit, proviennent des confusions auxquelles prête l'alphabet carré. La comparaison du texte massorétique avec les anciennes versions prouve que la supposition de pareilles fautes n'est pas le fait d'une critique aux abois. Cette comparaison fournit déjà le moyen de corriger plusieurs des altérations du texte hébreu. La paléographie fournit un instrument critique bien autrement efficace. Le progrès de l'épigraphie sémitique tirera enfin l'exégèse biblique de l'impasse où elle était engagée. La vieille école, qui s'obligeait à expliquer le texte tel qu'il est, même quand notoirement il est corrompu, paraîtra puérile. Mais l'école qui substitue arbitrairement des leçons commodes à tout ce qui l'embarrasse ne sera pas moins condamnée. À défaut de la comparaison des manuscrits, qui, en ce qui touche la Bible, est inféconde ou épuisée, un seul moyen reste à la critique pour tâcher de retrouver le texte primitif de ces antiques livres, dont quelques-uns ont été fortement viciés par les copistes : c'est de se les figurer écrits dans l'alphabet où ils furent composés et où ils subirent leurs premières aventures. De la sorte on arrive à des conjectures plausibles, quelquefois certaines.

Le texte, du reste, nous aurait été conservé lettre pour lettre tel qu'il fut écrit par son auteur, que de grandes difficultés resteraient encore. Les idées de l'auteur sont d'un ordre assez simple et ne demandent, pour être comprises, aucun effort de métaphysique. Mais sa langue est singulièrement embarrassée. Il procède par petites retouches successives. Au lieu du grand style synthétique de Platon et d'Aristote, son hébreu est comme un entassement de pierres sèches, sans ciment. L'auteur est un esprit cultivé, qui ne trouve sous sa main qu'un idiome rebelle au but qu'il se propose. L'hébreu, aux VIIIe, VIIe et VIe siècles avant Jésus-Christ, avait produit des chefs-d'œuvre que l'humanité devait adopter comme des inspirations divines ; mais cette littérature classique était très limitée. Elle n'avait rien qui pût s'appeler science ou philosophie. Admirable pour l'expression de la passion, l'hébreu n'a aucune souplesse pour le raisonnement. L'arabe, au XIe et au XIIe siècle de notre ère, se trouva dans le même embarras. On le fit servir à l'expression d'idées pour lesquelles il n'avait pas été créé. De là une extrême gaucherie. Sauf les moments où ils s'échappent dans le mysticisme, les philosophes arabes sont de mauvais écrivains. Les langues sémitiques ne se prêtent nullement à l'expression d'idées enchevêtrées. Elles recherchent le trait vif, l'étincelle ; elles décomposent le raisonnement et en étalent les membres. Supposons Descartes pourvu d'un tel instrument ; où serait le *Discours sur la méthode ?* Que deviendrait en un tel idiome la phrase suivante de Spinoza ?

L'expérience m'ayant appris à reconnaître que tous les événements de la vie commune sont choses vaines et futiles, que tous les objets de nos craintes n'ont rien en soi de bon ni de mauvais et ne prennent ce caractère qu'autant que l'âme en est touchée, j'ai pris enfin la résolution de rechercher s'il existe un bien véritable et capable de se communiquer aux hommes, un bien qui puisse remplir seul l'âme tout entière, après qu'elle a rejeté tous les autres biens, un bien, en un mot, qui donne à l'âme, quand elle le trouve et le possède, l'éternel et suprême bonheur.

Et ce beau cri de l'âme vertueuse de Kant ?

Devoir ! mot grand et sublime, toi qui n'as rien d'agréable ni de flatteur, et qui com-

mandes la soumission, sans pourtant em-
ployer pour ébranler la volonté des menaces
propres à exciter naturellement l'aversion et
la terreur, mais en te bornant à proposer
une loi qui d'elle-même s'introduit dans
l'âme et la force au respect (sinon toujours
à l'obéissance), et devant laquelle se tai-
sent tous les penchants, quoiqu'ils travail-
lent sourdement contre elle, quelle origine
est digne de toi ? Où trouver la racine de la
noble tige qui repousse fièrement toute al-
liance avec les penchants, cette racine où
il faut placer la condition indispensable de
la valeur que les hommes peuvent se donner à eux-mêmes ?

Cohélet, au fond, a compris tout cela et
voudrait le dire. Il a l'esprit philosophique ;
mais il n'a pas une langue philosophique à
sa disposition. Ses efforts désespérés faire
un raisonnement ressemblent aux tortures
d'un grand musicien forcé d'exécuter une
symphonie compliquée avec un orchestre
tout à fait grossier.

Une observation très juste, due à M. Joseph Derenbourg, jette le plus grand jour sur la manière d'écrire de notre auteur et sur les règles qui président à la conduite de sa pensée. Un des traits caractéristiques de cette poésie morale de l'Inde et de la Perse avec laquelle le *Cohélet* a déjà tant d'analogies, c'est l'habitude d'insérer des vers dans le tissu de la prose, soit que ces vers consistent en citations de poèmes connus, soit qu'ils aient été composés par l'auteur lui-même. M. Ewald avait déjà remarqué les proverbes, presque sans connexion avec le texte, dont l'auteur sème sa déclamation, pour en rompre le cours trop monotone. M. Derenbourg[30] montre qu'en ceci Cohélet a devancé le genre dont Saadi présente le modèle achevé, et qui a ses origines dans la Perse sassanide et ultérieurement dans l'Inde. La teneur générale du style de *L'Ecclésiaste*, c'est la prose. Mais, par moments, le parallélisme se fait sentir,

---

[30] *Revue des études juives*, 1re année, n° 2, p. 184-185.

et presque toujours, à ces moments-là, la suite des idées est violemment brisée. En admettant que ces maximes, très peu liées avec ce qui précède et ce qui suit, sont des citations ou plutôt des intercalations métriques, on soulage singulièrement la difficulté que l'on trouve à faire tenir l'ouvrage sur ses pieds [31]. Le traducteur est à cet égard un excellent juge. Toutes les traductions de *L'Ecclésiaste* ont, en quelques endroits, un air gauche et incohérent. Dans l'hypothèse où c'est l'auteur lui-même qui, de temps en temps, rompt sa trame pour y broder des espèces d'appliques, on obtient un texte bien plus satisfaisant. Il en résulte même un certain charme : ces petites parenthèses enlèvent à la prose un sérieux trop prolongé ; elles détournent le lecteur de la fausse idée qu'un raisonnement rigoureux se cache sous ces légères fioritures. Quel-

____

[31] Seul le chapitre XV de notre traduction résiste à tous les efforts bienveillants que l'on fait pour ne pas avouer que l'auteur s'est endormi en l'écrivant.

quefois, en effet, le lien logique manque tout à fait ; ce sont des coups d'archet, de légères ritournelles de violon, uniquement destinés à séparer des paragraphes, ou de simples roses jetées en passant, comme ces fleurettes qui émaillent les interlignes d'un manuscrit persan du XVIe siècle.

Mais comment rendre sensible, dans une traduction, ce passage de la prose aux citations en vers ? D'ordinaire, pour exprimer le rythme de la poésie parabolique, il suffit de conserver la coupe parallèle des distiques. Dans *Le Livre de Job*, par exemple, une bonne traduction française est presque aussi rythmée que l'original. Il n'en serait pas de même dans Cohélet. Le parallélisme est ici très faible. Le rythme des vers cités consiste principalement en quelque chose de sautillant, de léger, de prétentieusement élégant. Pour rendre ce caractère, j'ai essayé les mètres anciens de notre poésie, avec un minimum de rime ou plutôt d'assonance. Je prie les poètes exquis de notre temps de ne pas croire que j'aie voulu marcher sur leur brisées. Je n'ai songé en rien à lutter avec leurs harmonieuses mélopées. Il s'agissait de calquer en français des sentences conçues dans le ton dégagé, goguenard et prudhomme à la fois de Pibrac, de Marculfe ou de Chatonnet, de produire une saveur analogue à celle de nos quatrains de moralités ou de nos vieux proverbes en bouts-rimés. La rime est, après tout, la jonglerie qui ressemble le plus au procédé de *Cohélet*, à ces mots lancés en l'air, retombant, rattrapés avec une prestesse vertigineuse. Il m'a été impossible de faire comprendre autrement le tour funambulesque de certaines boutades transcendantes, surtout du morceau sur la vieillesse, sorte de joujou funèbre qu'on dirait ciselé par Banville ou Théophile Gautier, et que je trouve supérieur même aux *Quatrains* de Khayyâm. Pour le reste de l'ouvrage, j'ai cru, au moyen de petits couplets, touchant d'un côté à la platitude, de l'autre à la gaudriole, allant de La Palisse à Pibrac, j'ai cru, dis-je, être dans le ton de mon original, tour à tour éloquent et ironique, sérieux et railleur. C'est en pareil cas que l'on sent combien la traduction littérale peut être la pire des trahisons. Voilà un morceau de haute volée littéraire, dénué de toute intention dogmatique, que vous traduisez pédantesquement en lourde prose de théologien, pour la plus grande satisfaction des scolastiques. Quel amer contresens ! Autant vaudrait tourner Béranger en homélie, ou mettre les Sermons de Bossuet en madrigaux.

En somme, le livre *Cohélet*, tel qu'il sort des vigoureux serres de la critique moderne, est un des ouvrages les plus charmants que nous ait légués l'antiquité. Le plan a le défaut de toutes les fictions juives. Il n'est pas bâti d'une manière assez ferme. Le parti général du livre, cette façon de dérouler la confession d'un vieux roi dégoûté de la vie, pour amener par toutes les voies la conclusion : « Tout est vanité », est indiqué avec un rare bonheur ; il n'est pas suivi avec assez de persistance. L'auteur se perd en des réflexions dont on ne voit pas le lien avec le thème principal. Comme dans *Le Livre de Job*, il faut mettre de la complaisance pour ramener à l'unité cette divagation sans frein. Le manque d'unité est aussi le défaut qu'on trouve au plus haut degré dans le Cantique des cantiques. Seuls, les Grecs ont su créer des œuvres logiques, parfaitement suivies, conséquentes avec elles-mêmes. Le *simplex duntaxat et unum* est la découverte du génie grec. Chaque composition hellénique est comme un temple, où toutes les parties sont des fonctions les unes des autres, si bien qu'on peut restituer le tout avec une seule de ses parties. Certes, il n'en est pas ainsi du *Cohélet*. Des chapitres entiers pourraient être retranchés sans que le tout en souffrit.

La philosophie de l'auteur n'est pas non plus très rigoureusement enchaînée. La conséquence de ses prémisses devrait être l'impiété. Théodore de Cyrène, qui a tant de rapports avec lui, conclut, en effet, à l'athéisme. Mais l'inconséquence de *Cohélet* a quelque chose de touchant. Aux deux ou trois endroits où l'on croirait qu'il va s'enfoncer dans le pur matérialisme, il se relève tout à coup par un accent élevé. Cette façon de philosopher est la vraie. On ne fera jamais taire les objections du matérialisme. Il n'y a pas d'exemple qu'une pensée, un sentiment se soient produits sans cerveau ou avec un cerveau en décomposition. D'un autre côté, l'homme n'arrivera point à se persuader que sa destinée soit semblable à celle de l'animal. Même quand cela sera démontré, on ne le croira pas. C'est ce qui doit nous rassurer à penser librement. Les croyances nécessaires sont au-dessus de toute atteinte. L'humanité ne nous écoutera que dans la mesure où nos systèmes conviendront à ses devoirs et à ses instincts. Disons ce que nous pensons ; la femme n'en continuera pas moins sa joyeuse cantilène, l'enfant n'en deviendra pas plus soucieux, ni la jeunesse moins enivrée ; l'homme vertueux restera vertueux ; la carmélite continuera à macérer sa chair, la mère à remplir ses devoirs, l'oiseau à chanter, l'abeille à faire son miel. Dans ses plus grandes folies, Cohélet n'oublie pas le jugement de Dieu. Faisons comme lui. Au milieu de l'absolue fluidité des choses, maintenons l'éternel. Sans cela, nous ne serions ni libres ni à l'aise pour le discuter. Les plus victimes, le lendemain du jour où on ne croirait plus en Dieu, seraient les athées. On ne philosophe jamais plus librement que quand on sait que la philosophie ne tire pas à conséquence. Sonnez, cloche, bien à votre aise ; plus vous sonnerez, plus je me permettrai de dire que votre gazouillement ne signifie rien de distinct. Si je craignais de vous faire taire, ah ! c'est alors que je deviendrais timide et discret.

Ce qui nous plaît surtout dans le Cohélet, c'est la personnalité de l'auteur. On ne fut jamais plus naturel ni plus simple. Son égoïsme est si franchement avoué, qu'il cesse de nous choquer. Ce fut certainement un homme aimable. J'aurais eu mille fois plus de confiance en lui que dans tous les *hasidim* ses contemporains. La bonté du sceptique est la plus solide de toutes ; elle repose sur un sentiment profond de la vérité suprême : *Nil expedit*. Il paraît qu'il ne se maria pas. C'est la plus forte critique de son siècle. De nos jours, il eût sûrement trouvé des femmes spirituelles et beaucoup moins méchantes qu'il ne le croit, pour le consoler et l'aimer. Les femmes se fâchent rarement du mal qu'on dit de leur sexe. Une certaine mauvaise humeur contre elles leur semble la preuve qu'on s'occupe d'elles ; or les femmes n'ont vraiment de dédain et d'aversion que pour celui qui vit tranquillement d'autres choses qu'elles. En leur disant qu'on a tout trouvé fade, on ne leur déplaît pas absolument.

C'est par là que le *Cohélet* est un livre si profondément moderne. Le pessimisme de nos jours y trouve sa plus fine expression. L'auteur nous apparaît comme un Schopenhauer résigné, bien supérieur à celui qu'un mauvais coup du sort a fait vivre dans les tables d'hôte allemandes. Cohélet, comme nous, fait de la tristesse avec de la joie et de la joie avec la tristesse ; il ne conclut pas, il se débat entre des contradictoires ; il aime la vie, tout en en voyant la vanité. Surtout, il ne pose jamais. Il ne se complaît pas dans l'effet qu'il produit ; il ne se regarde pas maudissant l'existence. Il est d'une parfaite sincérité en disant qu'il a tout trouvé frivole et creux. On aime à se le représenter comme un homme exquis et de bonnes manières, comme un ancêtre de quelque riche juif de Paris égaré en Judée du temps de Jésus et des Macchabées.

Ce que le Cohélet, en effet, est bien essentiellement et par excellence, c'est le juif moderne. De lui à Henri Heine, il n'y a qu'une porte à entr'ouvrir. Quand on le compare à Élie, à Jérémie, à Jésus, à Jean de Gischala, on a peine à comprendre qu'une même race ait produit des apparitions si diverses. Quand on le compare à l'israélite moderne, que nos grandes villes commerçantes d'Europe connaissent depuis cinquante ans, on trouve une singulière ressemblance. Attendez deux mille ans, que la fierté romaine se soit usée, que la barbarie ait passé, vous verrez combien ce fils des prophètes, ce frère des zélotes, ce cousin du Christ, se montrera un mondain accompli ; comme il sera insoucieux d'un paradis auquel le monde a cru sur sa parole ; comme il entrera avec aisance dans les plis de la civilisation moderne ; comme il sera vite exempt du préjugé dynastique et féodal ; comme il saura jouir d'un monde qu'il n'a pas fait, cueillir les fruits d'un champ qu'il n'a pas labouré, supplanter le badaud qui le persécute, se rendre nécessaire au sot qui le dédaigne. C'est pour lui, vous le croiriez, que Clovis et ses Francs ont frappé de si lourds coups d'épée, que la race de Capet a déroulé sa politique de mille ans, que Philippe-Auguste a vaincu à Bouvines, et Condé à Rocroi. Vanité des vanités ! Oh ! la bonne condition pour conquérir les joies de la vie que de les proclamer vaines ! Nous l'avons tous connu, ce sage selon la terre, qu'aucune chimère surnaturelle n'égare, qui donnerait tous les rêves d'un autre monde pour les réalités d'une heure de celui-ci ; très opposé aux abus et pourtant aussi peu démocrate que possible ; avec le pouvoir à la fois souple et fier ; aristocrate par sa peau fine, sa susceptibilité nerveuse et son attitude d'homme qui a su écarter de lui le travail fatigant, bourgeois par son peu d'estime pour la bravoure guerrière et par un sentiment d'abaissement séculaire dont sa distinction ne le sauve point. Lui qui a bouleversé le monde par sa foi au royaume de Dieu, ne crois plus qu'à la richesse. C'est que la richesse est, en effet, sa vraie récompense. Il sait travailler, il sait jouir. Nulle folle chevalerie ne lui fera échanger sa demeure luxueuse contre la gloire périlleusement acquise ; nul ascétisme stoïque ne lui fera quitter la proie pour l'ombre. L'enjeu de la vie est selon lui tout entier ici-bas. Il est arrivé à la parfaite sagesse : jouir en paix, au milieu des œuvres d'un art délicat et des images du plaisir qu'on a épuisé, du fruit de son travail. Surprenante confirmation de la philosophie de vanité ! Allez donc troubler le monde, faire mourir Dieu en croix, endurer tous les supplices, incendier trois ou quatre fois votre patrie, insulter tous les tyrans, renverser toutes les idoles, pour finir d'une maladie de la moelle épinière, au fond d'un hôtel bien capitonné du quartier des Champs-Élysées, en regrettant que la vie soit si courte et le plaisir si fugitif. Vanité des vanités !

À découvrir ou redécouvrir
En grands caractères
Gustave Le Bon
PSYCHOLOGIE DES FOULES
Grands Classiques
GRANDS CARACTÈRES
18
Memoria Books
Victor Hugo
CLAUDE GUEUX
Introduit par
Yoann Laurent-Rouault
Grands Classiques
GRANDS CARACTÈRES
18
Memoria Books

Diffusé par JDH Éditions
www.jdheditions.fr